汽车电气系统检修

主　编　刘文国
副主编　于晓英　王志远　杨金玉
参　编　胡福祥　泥铁亮
主　审　王福忠

"互联网+"教材

全书视频资源

北京理工大学出版社
BEIJING INSTITUTE OF TECHNOLOGY PRESS

内 容 提 要

本书主要内容包括：汽车电路故障检修方法、汽车电源系统故障检修、汽车起动系统故障检修、汽车照明与信号装置故障检修、汽车仪表故障检修、汽车空调制冷系统故障检修、汽车风窗洗涤刮水装置故障检修共7个学习任务。

本教材图文并茂，深入浅出，通俗易懂，可作为高职高专院校汽车检测与维修技术专业、汽车电子技术专业、汽车营销技术专业及相关专业的教材，也可作为学习现代汽车电气设备构造与维修的培训教材，还可作为汽车驾驶员、汽车电器维修技术人员的入门及提高书籍。

版权专有　侵权必究

图书在版编目（CIP）数据

汽车电气系统检修/刘文国主编．—北京：北京理工大学出版社，2023.7重印
ISBN 978-7-5682-6570-6

Ⅰ.①汽…　Ⅱ.①刘…　Ⅲ.①汽车-电气系统-检修　Ⅳ.①U472.41

中国版本图书馆CIP数据核字（2018）第297529号

出版发行 /	北京理工大学出版社有限责任公司
社　　址 /	北京市海淀区中关村南大街5号
邮　　编 /	100081
电　　话 /	（010）68914775（总编室）
	（010）82562903（教材售后服务热线）
	（010）68944723（其他图书服务热线）
网　　址 /	http://www.bitpress.com.cn
经　　销 /	全国各地新华书店
印　　刷 /	廊坊市印艺阁数字科技有限公司
开　　本 /	787毫米×1092毫米　1/16
印　　张 /	13.5
字　　数 /	301千字
版　　次 /	2023年7月第1版第3次印刷
定　　价 /	39.80元

责任编辑 / 张旭莉
文案编辑 / 邢 琛
责任校对 / 周瑞红
责任印制 / 李志强

图书出现印装质量问题，请拨打售后服务热线，本社负责调换

面向"十三五"工学结合系列规划教材·汽车类
编审委员会

主　任　王建良

副主任　王福忠　丁在明　张宏坤

委　员　刘文国　李　勇　冯益增

　　　　许子阳　张世军　崔　玲

　　　　孙静霞

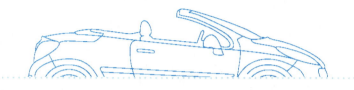 

当今汽车向安全、环保、舒适与智能化的方向发展,而汽车电气系统技术的发展为汽车的安全、环保、舒适与智能化发展提供了强有力的技术保障,汽车电子化程度的高低已经成为当今世界衡量汽车先进水平的重要标志。本书编写的主要目的是提高高等职业院校汽车检测与维修、汽车电子技术等专业学生对汽车电气系统故障检修的能力。

本书遵循职业教育规律,以职业岗位的实际任务为教学内容,充分考虑汽车服务行业、企业的职业岗位能力需求,采用任务引领方式,贯彻理论与实践一体化教学模式,突出以能力为本、以学生为中心的原则,理论与实践结合紧密,且突出技能培养。

本书主要内容包括:汽车电路故障检修方法、汽车电源系统故障检修、汽车起动系统故障检修、汽车照明与信号装置故障检修、汽车仪表故障检修、汽车空调制冷系统故障检修、汽车风窗洗涤刮水装置故障检修等共7个学习任务。

本书图文并茂、深入浅出、通俗易懂,可作为高职高专院校汽车检测与维修技术专业、汽车电子技术专业、汽车营销技术专业及相关专业的教材,也可作为学习现代汽车电气设备构造与维修的培训教材,还可作为汽车驾驶员、汽车电器维修技术人员的入门及提高书籍。

本书由山东交通职业学院刘文国副教授担任主编,山东交通职业学院于晓英、王志远和枣庄职业学院杨金玉担任副主编,济南工程职业技术学院胡福祥和潍坊市国信汽车销售有限公司泥铁亮参与教材编写工作,山东交通职业学院王福忠院长担任主审。

本书在编写过程中参阅了许多国内外公开出版与发表的教材和文献,在此表示感谢。限于作者经历及水平有限,内容难以覆盖全国各地的实际情况,也难免有不妥和错误之处,恳请读者提出宝贵意见。

编 者

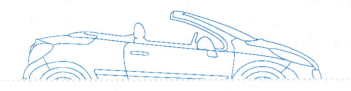

目 录
CONTENTS

学习任务 1　汽车电路故障检修方法 ……………………………………… 001
　一、知识准备 ……………………………………………………………… 002
　二、任务实施 ……………………………………………………………… 007
　　项目 1　使用测试笔诊断电路故障 ……………………………………… 007
　　项目 2　用万用表测试电压降 …………………………………………… 011
　　项目 2　使用其他方法诊断电路故障（详见二维码）………………… 013

学习任务 2　汽车电源系统故障检修 ……………………………………… 014
　一、知识准备 ……………………………………………………………… 015
　二、任务实施 ……………………………………………………………… 028
　　项目 1　蓄电池维护 ……………………………………………………… 028
　　项目 2　发电机输出电压检测 …………………………………………… 038
　　项目 3　发电机维护 ……………………………………………………… 040
　　项目 4　调节器检测 ……………………………………………………… 044
　　项目 5　电源系统充电指示灯常亮故障诊断 …………………………… 045

学习任务 3　汽车起动系统故障检修 ……………………………………… 051
　一、知识准备 ……………………………………………………………… 052
　二、任务实施 ……………………………………………………………… 059
　　项目 1　起动机维护 ……………………………………………………… 059
　　项目 2　起动系统控制电路的部件检测 ………………………………… 071
　　项目 3　起动机不转故障诊断 …………………………………………… 073

学习任务 4　汽车照明与信号装置故障检修 ……………………………… 077
　一、知识准备 ……………………………………………………………… 077

　　二、任务实施 ·· 093
　　　　项目 1　全车灯光系统检测 ··· 093
　　　　项目 2　灯光检测及调整 ·· 098
　　　　项目 3　灯光不亮、灯光暗淡、灯光间歇亮故障诊断 ·············· 102
　　　　项目 4　检查、诊断转向灯和危险警告灯故障 ························ 106

学习任务 5　汽车仪表故障检修　108

　　一、知识准备 ·· 108
　　二、任务实施 ·· 118
　　　　项目 1　检测仪表显示故障 ·· 118
　　　　项目 2　检测仪表线路、连接器、印刷线路板故障 ················ 122
　　　　项目 3　检测仪表警告显示故障 ·· 124
　　　　项目 4　典型仪表故障诊断 ·· 126

学习任务 6　汽车空调制冷系统故障检修　130

　　一、知识准备 ·· 131
　　二、任务实施 ·· 133
　　　　项目 1　空调制冷系统主要部件检修 ···································· 133
　　　　项目 2　空调制冷系统温度、压力检测 ································ 137
　　　　项目 3　空调制冷系统泄漏检查 ·· 140
　　　　项目 4　空调制冷系统抽真空及制冷剂加注 ························· 144

学习任务 7　汽车风窗洗涤刮水装置故障检修　153

　　一、知识准备 ·· 154
　　二、任务实施 ·· 160
　　　　项目 1　风窗洗涤刮水装置维护 ·· 160
　　　　项目 2　风窗洗涤刮水装置检测 ·· 163
　　　　项目 3　风窗刮水装置工作不正常故障检修 ························· 167

参考文献　175

学习任务 1
汽车电路故障检修方法

工作情境描述

一辆爱丽舍轿车,发动机起动后能正常运转,但在接通前照灯开关后出现全车无电现象,驾驶员现将车开到东风雪铁龙服务站并与服务顾问沟通后,服务顾问开出工单要求你解决此故障。

学习目标

通过本任务学习,应能:

1. 描述汽车电路故障的形式、形成原因及常见检修方法。
2. 分析汽车电路故障原因。
3. 进行汽车电路常见故障的基本检修,能读懂给定的诊断检查文案。
4. 根据维修手册,正确选用工具和检测设备,在 30 min 内安全规范地进行汽车电路技术状况检测。
5. 向客户介绍汽车电气系统使用注意事项。
6. 向客户解释故障判断及处理结果。

学习时间　4 学时

学习引导

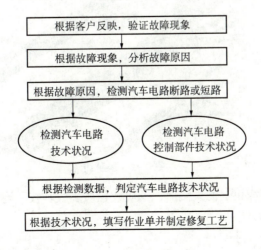

一、知识准备

1. 汽车电路的组成

汽车电路是由导线、插接器、控制开关、熔断器和继电器等组成的。

（1）汽车导线

汽车电气元件的连接导线有低压导线和高压导线两种。低压导线可分为普通低压导线、屏蔽线、起动机电缆和蓄电池搭铁电缆等；高压导线包括铜芯线与阻尼线。

普通低压导线为铜质多股软线，如图1-1所示。导线的横截面积需要根据用电设备的工作电流大小进行选择。

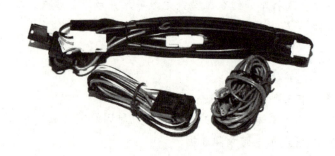

图1-1　普通低压导线

资源1-1　汽车电路图组成

屏蔽线又称为同轴射频电缆，如图1-2所示。金属纺织网管或很多股导线装在一层编织金属网内，再在网外套装一层保护套，称为屏蔽网，其作用是将导线与外界磁场隔离，避免导线受外界磁场的影响而产生干扰。屏蔽线常用于低压弱信号电路，如在氧传感器信号电路、曲轴位置传感器电路中普遍使用。

图1-2　屏蔽线

起动机电缆是带绝缘包层的大截面积铜质或铝质多股软线，连接蓄电池正极与起动机电源端子，如图1-3所示。

图 1-3　起动机电缆连接蓄电池正极与起动机电源端子

蓄电池搭铁电缆又称搭铁线，有两种类型，一种是由铜丝编织而成的扁形软铜线，另一种外形同起动机电缆，覆有绝缘层。搭铁电缆常用于蓄电池与车架、车架与车身、发动机与车架等总成之间的连接。蓄电池搭铁电缆如图1-4所示。

图 1-4　蓄电池搭铁电缆

高压导线用于传送高压电。由于工作电压高（一般在 15 kV 以上）、电流强度较小，因此高压导线的绝缘包层很厚，耐压性能好，但线芯截面积很小。国产汽车使用的高压导线有铜芯线和阻尼线两种。为了衰减火花塞产生的电磁波干扰，目前广泛使用高压阻尼线。

（2）汽车线束

为使汽车上的线路整齐、安装方便和保护导线的绝缘层，汽车整车线路除高压线、蓄电池搭铁电缆和起动机电缆外，一般都将同区域不同规格的导线用棉纱或薄聚氯乙烯带缠绕包扎成束，称为线束，如图1-5所示。

图 1-5　汽车线束

汽车线束在汽车电气设备中占有重要地位。尤其是近年来，随着汽车电气设备与电子设备的增多，线束总成的结构与电路也越来越复杂，因此对线束的结构、功能、适用性、可靠性都提出了更高的要求。

现代汽车的线束总成由导线、端子、插接器、护套等组成。

汽车有多个线束，主要由发动机（点火、电喷、发电、起动）、车身、仪表、照明等分线束组成。线束有主线束和分线束之分。仪表板位于接近中央位置，一般汽车线束以仪表线束为中心，进行前后延伸。分线束与分线束之间、线束与终端电器之间采用插接器连接。线束上各端头均标注数字和字母，以标明导线的连接对象，便于正确地连接导线和电气设备。

现代轿车的线束间采用了插接器，线束设计的自由度增加，给安装、检修和更换带来了方便。为保证插接器的可靠连接，插接器上配有一次锁紧、二次锁紧装置。为了避免装配和安装中出现差错，插接器还可制成不同的规格型号及不同的形状和颜色。

（3）插接器

插接器是汽车电路中简单但不可缺少的元件，其使用方便、连接可靠，尤其适用于大量线束的连接。插接器的种类很多，可供几条到数十条导线使用，有长方体、多边体等不同形状，图1-6所示为常见的插接器。

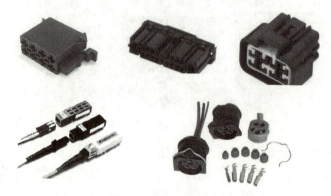

图1-6 常见的插接器

（4）控制开关

汽车电路是通过各种控制开关接通或切断电源与用电设备的。电源总开关用于切断蓄电池与外电路的连接，以防止车辆停驶过程中蓄电池经外电路漏电，其形式主要有闸刀式和电磁式两种。图1-7所示为闸刀式电源总开关，图1-8所示为电磁式电源总开关。

图1-7 闸刀式电源总开关

图1-8 电磁式电源总开关

点火开关是一个多挡开关,需用相应的钥匙才能对其进行操纵,如图1-9所示。点火开关通常用于控制点火电路、仪表电路、发电机励磁电路、起动电路及一些辅助电气电路等。

图1-9 点火开关

灯光开关按操纵的形式分为推拉式、旋转式、组合式、挠板式四种,如图1-10所示。灯光开关Ⅰ挡接通示廓灯、尾灯、仪表照明灯等;Ⅱ挡接通前照灯、尾灯、仪表照明灯等。

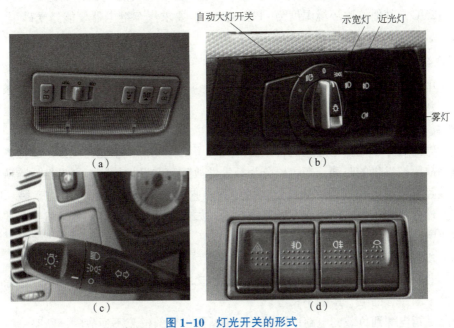

图1-10 灯光开关的形式
(a)推拉式;(b)旋转式;(c)组合式;(d)挠板式

(5)熔断器

汽车电路中设有保险装置,当线路因负荷超载、短路故障而电流过大时,保险装置自动断开电源电路,以防止线路或用电设备烧坏。

熔断器的保护元件是保险丝,串联在所保护的电路中。当通过保险丝的电流超过其规定值时,保险丝发热熔断,从而保护线路用电设备不被烧坏。

熔断器的保险丝固定在可插式塑料片上或封装在玻璃管中。通常将熔断器集中安装在一个盒中，称为熔断器盒或电源盒，如图 1-11 所示。各熔断器都编号排列，有的还在熔断器上涂以不同的颜色，以便于检修时识别。

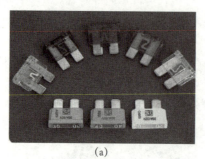 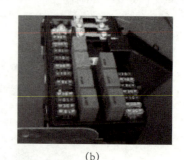

(a) (b)

图 1-11 熔断器和熔断器盒

(a) 熔断器；(b) 熔断器盒

（6）继电器

汽车继电器广泛用于控制汽车起动、预热、空调、灯光、雨刮、电喷、油泵、防盗、音响、导航、电动风扇、冷却风扇、电动门窗、安全气囊、防抱死制动、悬架控制以及汽车电子仪表和故障诊断等系统中。

汽车继电器由于是蓄电池供电，电压不稳定。在发动机舱内工作的继电器环境温度为 $-40℃\sim125℃$，其他位置环境温度为 $-40℃\sim85℃$。要求汽车继电器要能经受砂尘、水、盐、油的侵害，且对振动、冲击的要求相当苛刻。

2. 汽车电路常见的损伤形式及成因

汽车电气系统中的电路与汽车其他总成部件一样，都是处在复杂多样的气候条件、强烈的振动、灰尘和油垢以及不同的操作水平下运行，加上本身设计制造方面的原因，行驶一定的里程后，必然会出现损伤，即故障。

所谓电路故障就是指电路的局部或整体丧失了工作能力，不能完成预定的任务。

电路故障按发生的时间长短可以分为渐发性故障和突发性故障。渐发性故障所发生的周期长，故障程度有从轻到重、从弱到强的过程，它们多是由零件运行中的摩擦和磨损引起的。突发性故障多是由电路短路或断路引起的，如前照灯突然不亮、发动机突然熄火。

汽车电路常见的损伤形式有：

（1）线路故障

常见的线路故障有导线或插接器接触不良，接线松脱、潮湿、腐蚀等导致绝缘不好而引起的短路、断路、漏电、接触不良等。

断路是指电源到负载的电路中因某一点中断而出现的电流不通故障。断路一般由导线折断、导线连接端松脱等原因造成。

短路是指电流不经过用电设备，而是由电源正、负极直接接通的故障。造成短路的原因有：导线绝缘层破损及用电设备损坏等。

漏电是指车辆关闭所有用电设备后出现的自行放电现象。汽车导线及电气设备因损坏、老化、受潮等，都会引起漏电故障。

接触不良是指电路未断，但电路自身的电阻变大、导电性能变差的故障。其原因是导线连接端子松动、锈蚀、老化等。

（2）元件击穿

电路中的电子元件对过电压和温度十分敏感，如晶体管的 PN 结易过压击穿、电解电容温度高时漏电增加、可控硅元件对过流敏感等，主要表现形式为短路、断路。

（3）元件老化性能下降

汽车电路电子元件的损耗，如电容器的容量减小、绝缘电阻下降、晶体管漏电、可调电阻的阻值不能连续变化、继电器触点烧蚀等；继电器元件由于绝缘老化、触点抖动、线圈烧断、短路，无法调整初始化动作电流等导致汽车整体机械不能充分发挥。

3. 汽车电路故障的检修方法

（1）故障诊断的一般程序

第一步　验证用户所反映的情况，并注意通电后的各种现象。在动手拆检之前，尽量缩小故障产生的范围。

第二步　分析电路原理图，弄清电路的工作原理，对故障所在部位做出判断。

第三步　重点检查问题集中的线路或部件，验证第二步做出的判断。

第四步　进一步进行诊断与检修，常用的检修方法有直观诊断法、断路法、短路法、试灯法、仪表法、高压电路试火法和低压电路试火法等。

第五步　验证电路是否恢复正常。

（2）汽车电路故障检修方法

1）直观诊断法。

汽车电路发生故障时，有时会出现冒烟、产生火花、发出异响、有焦臭味、发热等异常现象。这些现象可通过人的眼、耳、鼻、身感觉到，从而直接判断出故障所在部位。

2）断路法。

汽车电气设备发生搭铁故障时，可用断路法。即将怀疑有搭铁的电路段断路后，根据电气设备中搭铁故障是否还存在，判断电路搭铁的部位和原因。

3）短路法。

汽车电路中出现断路故障，还可以用短路法判断。即用导线将被怀疑有断路故障的电路短接，观察仪表指针的变化或电气设备工作状况，从而判断出该电路中是否存在断路故障。

4）试灯法。

试灯法就是用一只汽车用灯泡作为试灯，检查电路中有无断路故障。

5）仪表法。

观察汽车仪表板上的电流表、冷却液温度表、燃油表等的指示情况，判断电路中有无故障。

6）仪器法。

随着汽车电气设备的日趋复杂，在维修中，特别是维修装置电子设备较多的车辆，使用一些专用的仪器是十分必要的。

 二、任务实施

项目1　使用测试笔诊断电路故障

1. 项目说明

正确采用测试笔进行电路诊断可以缩短诊断时间，使诊断结果更直观。用测试笔可以进

行电路断路、短路等故障的诊断，还可以进行电子控制系统的信号测试，通过直观的灯光闪烁可以快速判断传感器的状态。

2. 技术标准与要求

1）学员能在 10 min 内完成此项目。

2）技术标准。使用测试笔诊断电路故障并填表 1-1。

表 1-1　使用测试笔诊断电路故障

项目	标准	检查结果
测试笔工作状况	指示灯亮	
供电电压	12 V、指示灯亮	
	0 V、指示灯不亮	

3. 设备器材

能正常运转的爱丽舍轿车、教学车维修手册、常用维修工具、不带电源的测试笔、自带电源的测试笔、逻辑探针、带组合插头的连接线组等。

4. 作业准备

1）停车，打开发动机盖。　　　　　　　　　　　　　□任务完成

2）铺上护套。　　　　　　　　　　　　　　　　　　□任务完成

3）检查车辆是否平稳。　　　　　　　　　　　　　　□任务完成

5. 操作步骤

（1）用测试笔测试电路断路

1）用不带电源的测试笔检测电路的导通性（以检测前小灯电路为例）。

将测试笔黑色夹钳夹到蓄电池负极，测试笔探针接触蓄电池正极，观察测试笔指示灯，检查测试笔工作是否正常，如图 1-12 所示。

图 1-12　检查测试笔的工作状况

将探针接触前小灯保险丝，观察测试笔指示灯，测试笔指示灯亮，说明该点电压正常，如图 1-13 所示。

汽车电气系统检修

主　编　刘文国
副主编　于晓英　王志远　杨金玉
参　编　胡福祥　泥铁亮
主　审　王福忠

"互联网+"教材

全书视频资源

北京理工大学出版社
BEIJING INSTITUTE OF TECHNOLOGY PRESS

内 容 提 要

本书主要内容包括：汽车电路故障检修方法、汽车电源系统故障检修、汽车起动系统故障检修、汽车照明与信号装置故障检修、汽车仪表故障检修、汽车空调制冷系统故障检修、汽车风窗洗涤刮水装置故障检修共 7 个学习任务。

本教材图文并茂、深入浅出、通俗易懂，可作为高职高专院校汽车检测与维修技术专业、汽车电子技术专业、汽车营销技术专业及相关专业的教材，也可作为学习现代汽车电气设备构造与维修的培训教材，还可作为汽车驾驶员、汽车电器维修技术人员的入门及提高书籍。

版权专有　侵权必究

图书在版编目（CIP）数据

汽车电气系统检修/刘文国主编．—北京：北京理工大学出版社，2023.7重印
　ISBN 978-7-5682-6570-6

Ⅰ．①汽…　Ⅱ．①刘…　Ⅲ．①汽车-电气系统-检修　Ⅳ．①U472.41．

中国版本图书馆 CIP 数据核字（2018）第 297529 号

出版发行 / 北京理工大学出版社有限责任公司
社　　址 / 北京市海淀区中关村南大街 5 号
邮　　编 / 100081
电　　话 /（010）68914775（总编室）
　　　　　（010）82562903（教材售后服务热线）
　　　　　（010）68944723（其他图书服务热线）
网　　址 / http：//www.bitpress.com.cn
经　　销 / 全国各地新华书店
印　　刷 / 廊坊市印艺阁数字科技有限公司
开　　本 / 787 毫米×1092 毫米　1/16
印　　张 / 13.5　　　　　　　　　　　　　　　责任编辑 / 张旭莉
字　　数 / 301 千字　　　　　　　　　　　　　文案编辑 / 邢　琛
版　　次 / 2023 年 7 月第 1 版第 3 次印刷　　　责任校对 / 周瑞红
定　　价 / 39.80 元　　　　　　　　　　　　　责任印制 / 李志强

图书出现印装质量问题，请拨打售后服务热线，本社负责调换

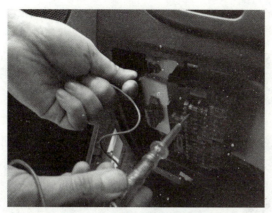

图 1-13　检查保险丝处电压

将测试笔探针接触前小灯插头，观察测试笔指示灯，指示灯亮，说明电路正常；若指示灯不亮，说明电路有断路处。图 1-14 所示为检查前小灯插头处电压。

图 1-14　检查前小灯插头处电压

逐一将测试笔探针与前小灯电路能接触的部位接触，若指示灯不亮说明该电路没有电压，再检查测试点之前的电路，若指示灯亮说明该处电压正常，则电路的断路点在此两点之间。

2）用自带电源的测试笔检测电路的导通性（仍然以前小灯电路为例）。

关闭点火开关和前小灯开关，拔下前小灯保险丝，如图 1-15 所示。

图 1-15　拔下前小灯保险丝

将测试笔夹钳与探针接触，观察测试笔指示灯的状态，指示灯亮说明测试笔工作正常，如图 1-16 所示。

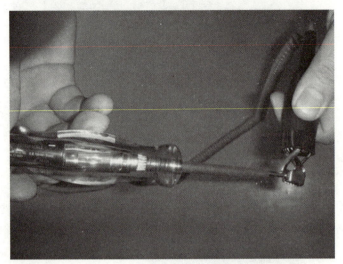

图 1-16　检查测试笔的工作状况

在教学车上找到前小灯供电插头，将测试笔夹钳连接车身并可靠接地，用探针接触前小灯供电插头，观察测试笔指示灯。指示灯亮，说明前小灯供电端至接地电路导通，如图 1-17 所示。

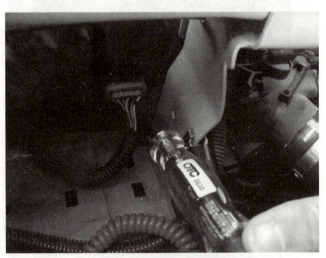

图 1-17　检查前小灯供电端至接地电路是否导通

沿着前小灯电路分别在连接插头、前小灯开关节点处测量，根据测试笔指示灯判断电路的导通性。

（2）用测试笔测试电路短路

用自带电源的测试笔检测电路短路，测试流程如下：

若怀疑某导线与车身之间短路，则将测试笔夹钳一端接车身某处，测试笔探针接触电路一处，若指示灯亮，说明两电路内部短路，如图 1-18 所示。

图 1-18　检查某导线与车身之间短路

资源 1-2　汽车用多功能测试笔

若怀疑某两导线间短路，则关闭点火开关，断开两个怀疑短路电路的保险丝。将测试笔夹钳通过跨接线与一个电路插头连接，用测试笔探针接触另一电路，若指示灯亮，说明两电路内部短路。

项目 2　用万用表测试电压降

1. 项目说明

车辆前小灯不亮，故障原因可能有前小灯灯泡损坏及前小灯电路断路。检查前小灯电路要验证前小灯灯泡处是否有工作电压，该工作电压是否满足前小灯正常工作的要求，完成这些检查必须进行电路电压的检测以及电路电压降的检测。

2. 技术标准与要求

1）学员能在 10 min 内完成此项目。

2）技术标准。用万用表测试电压降并填表 1-2。

表 1-2　用万用表测试电压降

项目	标准	检查结果
蓄电池电压	12 V	
电路电压	12 V	
前小灯电路的电压降	0.14 V	

3. 设备器材

能正常运转的爱丽舍轿车、教学车电路图、数字式万用表、蓄电池接线柱及蓄电池线接头清洁工具、常用维修工具等。

4. 作业准备

1）停车，打开发动机盖。　　　　　　　　　　　　　□任务完成

2）铺上护套。　　　　　　　　　　　　　　　　　　□任务完成

3）检查车辆是否平稳。　　　　　　　　　　　　　　□任务完成

5. 操作步骤

1）将数字式万用表的黑表笔接到表上的接地接口，红表笔接到电压接口，用量程选择开关选择直流电压量程。

2）用万用表黑表笔连接蓄电池负极接线柱，红表笔接正极接线柱，测量蓄电池电压。

3）拆下前小灯插头，将万用表表笔与前小灯插头连接，打开点火开关及小灯开关，测量的前小灯供电电压应与蓄电池电压相同，如图 1-19 所示。

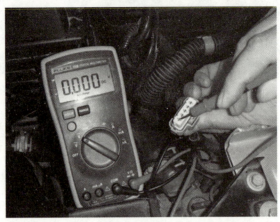

图 1-19　检查前小灯插头处的电压

4）若前小灯供电电压小于蓄电池电压，则检查从配电中心到前小灯插头处的电路是否正常。

在车辆的配电中心处找到前小灯保险丝，打开点火开关，开启前小灯，用万用表红表笔连接到前小灯电路的保险丝，黑色表笔连接到前小灯插头，检测前小灯电路的电压降，如图 1-20 所示。

图 1-20　检查前小灯电路电压降

只要电路中的电压降低于 3%，即电压降小于 0.14 V，说明前小灯电路正常，若高于则说明电路中有电阻过大的现象，可能是接触不良、元件老化等因素造成的。

在教学车上找到前小灯的接地点，用红表笔连到前小灯插头，黑表笔连到蓄电池负极，测量前小灯接地线到蓄电池负极的电压降，若电压降高于 0.14 V，说明接地电路电阻过高现象可能是接地不良等因素造成的。

项目 2　使用其他方法诊断电路故障（详见二维码）

资源 1-3　汽车电路测试仪

资源 1-4　汽车万用表+LED 试灯+21W 试灯

资源 1-5　汽车万用表故障测试

资源 1-6　5051 大众解码器教学

资源 1-7　金奔腾汽车解码器使用方法

学习任务 2
汽车电源系统故障检修

一辆装备1.6 L排量、16气门发动机的爱丽舍轿车，在行驶过程中驾驶员发现仪表板充电指示灯点亮，随即停车熄火。再次起动发动机并高速运行，充电指示灯依然常亮。驾驶员现将车开到东风雪铁龙服务站并与服务顾问沟通后，服务顾问开出工单要求你解决此故障。

通过本任务学习，应能：

1. 描述现代轿车电源系统结构特点。
2. 进行现代轿车电源系统电路的简单分析。
3. 分析充电指示灯常亮故障产生的原因，能读懂给定的诊断检查文案。
4. 根据维修手册，正确选用工具和检测设备，在45 min内安全规范地进行发电机技术状况检测及更换。
5. 向客户介绍电源系统使用注意事项。
6. 向客户解释故障判断及处理结果。

 6学时

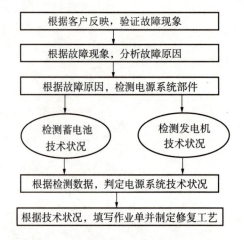

一、知识准备

1. 传统电源系统的工作过程

传统的电源系统由蓄电池、发电机、调节器及充电状态指示装置、开关和导线等连接而成,如图 2-1 所示。

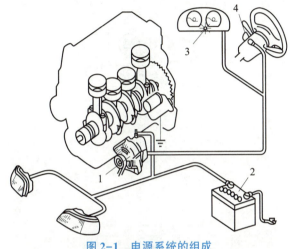

图 2-1　电源系统的组成
1—发电机；2—蓄电池；3—仪表；4—点火开关

资源 2-1　汽车电源系统

资源 2-2　发电机工作原理

电源系统内蓄电池和发电机是并联工作的。在发动机正常工作时,由发电机向用电设备供电并向蓄电池充电；起动时,蓄电池向起动机供电。由于发电机是由发动机通过传动带驱动旋转的,当发动机转速变化时,发电机输出电压也会变化。为满足汽车用电设备及蓄电池充电恒定电压的要求,电源系统内均设置电压调节器,以保证发电机输出的电压稳定在一定范围内,防止因电压起伏过大而烧毁用电设备。充电状态指示装置指示蓄电池的充放电状况。图 2-2 所示为爱丽舍轿车电源系统电路。

1) 接通点火开关,蓄电池向发电机提供励磁电流（他励）。励磁电路：蓄电池正极→发动机舱保险丝盒→中间插接器 2VNR→点火开关 CA00→插接器 2VGR→保险丝 F28→充电指示灯→发电机磁场接线柱→励磁绕组→调节器→搭铁。此时,充电指示灯亮。

2) 发动机起动后,发电机的输出电压高于蓄电池的电动势,充电指示灯熄灭,励磁电流由他激变为自励。励磁电路：励磁二极管→励磁绕组→调节器→搭铁。

3) 当发电机的输出电压达到调整值时,调节器中起开关作用的晶体管截止,励磁电流迅速下降,发电机的输出电压也迅速下降；当发电机的输出电压小于调整值时,起开关作用的晶体管立刻导通,发电机的输出电压随之升高。就这样,循环反复,使发电机的输出电压稳定在调整值范围内。

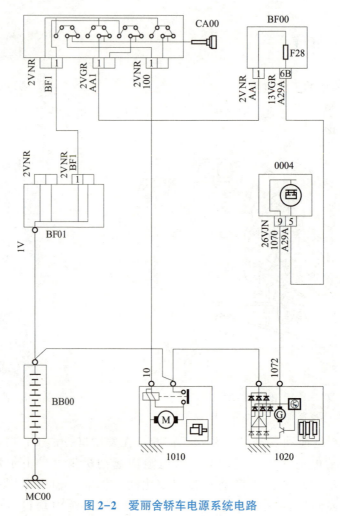

图 2-2 爱丽舍轿车电源系统电路

MC00—接地点；BB00—蓄电池；BF01—发动机舱保险丝盒；CA00—防盗点火开关；
F28—保险丝；BF00—座舱保险丝盒；0004—组合仪表；1010—起动机；1020—发电机

2. 蓄电池的智能管理

传统的汽车电源系统使用蓄电池—发电机并联为整车电气设备供电，系统的用电设备、电源、开关三者为串联关系。这种连接使供电连接线束繁多，线路的用电安全保护难以实现。随着汽车电气系统智能化的发展，用电设备与开关之间的约束被解除，其约束功能由中央控制单元协调完成。但由于控制单元和电路的增多，若蓄电池—发电机输出电压不稳定，也将引起控制单元工作不稳定。因此，蓄电池已不适合为整车的控制器电路直接供电。

同时，日益增长的电气设备的功率超过了蓄电池容量和性能的发展速度。在大功率、长时间用电或者司机疏忽造成的长时间放电的情况下，蓄电池进入亏电状态而无法再次起动导致车辆抛锚的事故也时有发生。因此，微控制器被广泛引入汽车电气设备的控制中，一些先进的车型开始对蓄电池的性能状态进行监测，以估计蓄电池的荷电状态，对蓄电池亏电提供保护策略，即蓄电池的智能管理。

（1）蓄电池智能管理系统的作用和功能

蓄电池智能管理系统的作用是确保汽车车辆内的能量平衡，即确保汽车车辆内部发动机、发电机、蓄电池和能量消耗设备（用电设备）之间的能量平衡，保证蓄电池处于良好的技术状态，保证用电设备正常工作，保证发动机始终处于良好的工作状态。

蓄电池智能管理系统的主要零部件如图 2-3 所示，主要包括发动机、发电机、安装于蓄电池负极的智能蓄电池传感器、蓄电池、智能接线盒（或电源模块、微电源模块）、用电设备、数字式发动机电子控制系统（DME）等。

蓄电池智能管理系统具有以下功能：

1) 发电机电压控制和调节。

汽车发电机可以自行控制发电机输出电压在 14.5 V 左右，同时蓄电池智能管理系统通过发动机电控单元的串行数据接口导线控制蓄电池的充电电压。

2) 提高怠速转速。

当输出电压已无法满足车辆需求且蓄电池电量不足时，发动机电控单元就会将发动机怠速转速提高至 750 r/min。

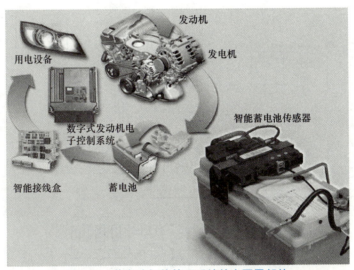

图 2-3 蓄电池智能管理系统的主要零部件

3) 降低最大负荷。

虽然已提高怠速转速，若蓄电池电量始终不足，则可通过降低后窗玻璃加热装置的时钟脉冲周期等方式降低功率。降低功率效果不佳时，可关闭相关舒适用电器，以降低车内的最大负荷。

4) 蓄电池充电平衡。

蓄电池的充电状态用充电量与放电量之间的差值来表示。蓄电池智能管理系统通过数据接口导线从智能蓄电池传感器得到这些数据。

5) 蓄电池的健康状态测量。

车辆起动时，蓄电池接线柱电压和起动机起动电流由智能蓄电池传感器进行测量，并通过数据接口导线传送至发动机电控单元，电流管理系统根据这些数据计算出蓄电池的健康状态。

6) 向智能蓄电池传感器传输数据。

在发动机熄火、发动机电控单元进入休眠模式之前，电控单元会通过数据接口导线向智能蓄电池传感器发送下列数据：蓄电池的充电状态、车外温度、可用放电量、总线端 15 唤醒功能释放、总线端 15 唤醒功能锁止、DME 关闭信号。

7)休眠电流监控和诊断。

发动机电控单元关闭后,智能蓄电池传感器获得电控单元提供的信息,继续监控蓄电池的充电状态。如果蓄电池休眠电流在车辆静止期间超过一定限值,就会在发动机电控单元内存储一个故障代码。

蓄电池休眠中,由于休眠电流过大,导致蓄电池充电状态较低时,传感器会唤醒电控单元关闭相关舒适用电器,但是不会关闭与停车安全密切相关的用电器。关闭后电控单元继续休眠。

(2)蓄电池智能管理系统的工作过程

图2-4所示为宝马E65电源模块管理系统。其主要组成部件及作用如下:

1)数字式发动机电子控制系统(DME)。

使用动力总线PT-CAN通过中央网关模块(ZGM)与其他模块通信。同时,通过BSD接收发电机传来的发电机负荷信号,并控制发电机输出电压。

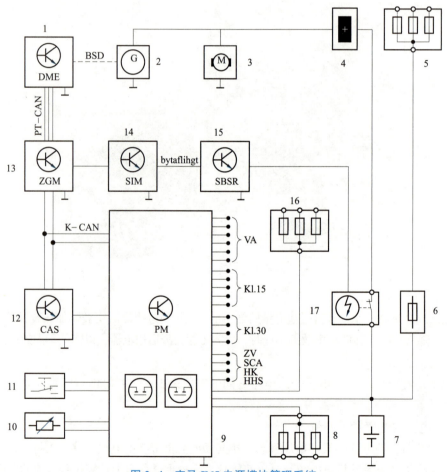

图2-4 宝马E65电源模块管理系统

1—DME(数字式发动机电子控制系统);2—发电机;3—起动机;4—跨接起动机接线柱;
5—发动机室保险丝保挂架(集成式供电模块IVM);6—主保险丝(250 A);7—蓄电池;8—行李箱保险丝支架;
9—电源模块;10—温度传感器;11—蓄电池主开关;12—CAS(便捷登车及起动系统);13—ZGM(中央网关模块);
14—安全和信息模块;15—右侧B柱卫星式传感器;16—手套箱保险丝支架;17—安全型蓄电池接线柱

2）中央网关模块（ZGM）。

将车上所有不同协议的网络连接起来，保证车上所有控制模块 ECU 的通信，实现信号共享，同时监控、控制所有网络的工作状态。

3）电源模块（PM）。

在车辆行驶和静止期间以及车载网络出现电气故障时，电源模块确保蓄电池处于正常工作状态。

4）蓄电池主开关。

电源模块通过蓄电池主开关控制电源管理系统的工作状态，其工作状态（或功能）有4种：分配模式、休眠电流监控、电子自动断路装置、自动断开车载网络。

5）电源模块的输入和输出。

电源模块的输入主要有蓄电池正极总线 30 输入、大电流输出 30U 供给行李箱保险丝支架和 30B 供给手套箱保险丝支架。总线端 15-W 接收 CAS 的信号唤醒电源模块，电源模块通过一个自动断路器直接控制中控锁（ZV）、自动软关系统（SCA）、空调（HK）、后窗玻璃加热装置（HHS）的电源。

电源模块的输出总线 30（Kl.30）和总线 15（Kl.15）分别给以下系统供电：车灯开关中心（LSZ）、便捷登车及起动系统（CAS）、防盗报警装置（DWA）、带备用电池的报警器（NS）、红外线遥控器（IR）、点烟器（ZIG）（国家标准）、通用遥控器（UFBD）（国家标准）、电子变色防眩车内后视镜（EC）、驻车距离监控装置（PDC）、雨量和光线传感器（RLS）、车内照明装置（IB）。电源模块输出总线（Kl.R）主要给多媒体系统供电。

电源模块的所有输入和输出端均可自检其工作状态。此外，还可通过部件控制输出端，并显示电流消耗情况。可读取下列状态或执行下列功能：当前发电机电流、当前蓄电池电流、当前车载网络电流、当前用电器电流、充电平衡、蓄电池充电状态、蓄电池温度，并可系统监控所有电子自动熔断装置和蓄电池主开关是否短路或断路。发生故障时，会在电源模块的故障存储器内记录一个相关故障代码，必要时还会发送一个检查控制信息。

6）蓄电池导线监控传感器用于监控蓄电池导线短路和断路等故障。

7）安全型蓄电池接线柱用于发生交通事故时自动切断蓄电池到起动机和发电机的导线，防止短路。

蓄电池智能管理系统工作过程如下：

蓄电池电压的波动范围是 14.0~15.5 V，最大充电电压为 16 V。正常情况下运行时，发电机可自行控制其输出电压在 14.5 V 左右，汽车电源模块利用模块内存储的充电特性曲线及蓄电池的充电情况、温度和车灯工作状态等设定最佳充电电压，向 K-CAN 外围设备 CAS 发送"提高充电电压信息"，CAS 继续将信息发送至 K-CAN 系统，再通过 ZGM 将信息发送至 PT-CAN 系统的 DME，由 DME 通过 BSD 传送给发电机，发电机内的电子分析装置负责设定所请求的充电电压值。

为了改善充电平衡状况，当系统计算出的蓄电池起动能力低于起动限值时，怠速转速就会增至 750 r/min。

尽管已提高了怠速转速，但如果仍识别到蓄电池有放电现象，则会根据优先级表逐级降低用电器功率或关闭用电器。这些用电器包括：后窗玻璃加热装置、座椅加热装置、暖风鼓风机、转向盘加热装置、后视镜加热装置、刮水器加热装置等。

为了确保车辆的起动能力，即使车辆处于停止状态时也会监控蓄电池充电状态。系统时刻测定最低充电状态，该状态除了取决于蓄电池放电和充电外，还取决于近几天的所测温度、发动机和发电机的类型、所装蓄电池的额定容量。

如果因某一驻车用电器处于启用状态而使充电状态接近起动限值，电源模块就会立即要求该驻车用电器自动关闭。驻车用电器包括：挂车模块（AHIWI）、彩色显示屏（CD）、防盗报警装置（DWA）、车灯开关中心（LSZ）、变速器电子控制系统（EGS）、自动恒温空调（IHKA）、驻车暖风（SH）。

为了防止驻车用电器持续启用期间蓄电池放电，总线端R（给娱乐系统和部分车内灯供电）关闭16 min后将执行中央用电器关闭功能。这些用电器包括：车内照明装置（IB）、车身区域的用电器、车顶区域的用电器。

因负荷较高而造成电压低于10.5 V（5 s）时，电源模块就会发送一个信息，要求提高怠速转速和关闭上述用电器。用电器关闭顺序按照电源模块内存储的优先级执行，同时，还会关闭电源模块的功率输出端。

电源模块在总线端R关闭30 min后，通过切换蓄电池开关位置进入分配模式。点火开关处于总线端R接通位置后，就会发送一个检查控制信息，用于提醒驾驶员车辆处于分配模式。此时会显示"battery switch OFF"（蓄电池开关关闭）信息。

蓄电池开关处于接通（休眠电流监控状态）位置时，就会在电源模块内启用休眠电流监控功能。总线端关闭60 min后将执行休眠电流监控功能。如果在60 min以内对车辆进行操作（例如打开行李箱盖），就会重新开始执行休眠电流监控功能。休眠电流不得超过80 mA，如果休眠电流超过80 mA，电源模块就会在5 min后发出"shut down counter"（关闭计数器）信息，再过90 s后，就会断开车辆电气系统5 s。如果重新接通后休眠电流仍然高于80 mA，就会再次断开车辆电气系统。如果休眠电流还是高于80 mA，则会通过电子蓄电池主开关持久断开电气系统。同时，电源模块的故障代码存储器内将存储相关故障代码，包括休眠电流提高的限制条件和原因。

电源模块识别到总线端15-W信号时，蓄电池主开关就会闭合并显示一个检查控制信息"Increased closed-circuit current"（休眠电流提高），结束休眠电流监控。接通停车报警灯和危险报警灯工作电路也可以取消休眠电流监控功能。

如果3周内没有任何操作请求，就会断开蓄电池与车载网络的连接，从而避免蓄电池过度放电。

电子自动熔断装置若识别到短路电流超过250 A就会断开蓄电池主开关。只有识别到来自CAS的总线端15唤醒信号后，才会尝试使蓄电池主开关闭合。在排除短路故障前会一直重复上述过程。

自动恒温空调（IHKA）控制单元通过一个"Heated rear window ON"（后窗玻璃加热装置接通）K-CAN信息，控制电源模块内后窗玻璃加热装置的电子输出级，从而控制后窗玻璃加热装置。车内照明装置由电源模块控制，分为3个输出端：车内照明装置（IB）、车身区域的用电器关闭VA_K、车顶区域的用电器关闭VA_D。

电源模块有控制行李箱盖附近车身电子系统的功能。其功能有：行李箱盖锁、行李箱盖自动关闭功能、燃油箱盖锁。

信息存储器存储车辆相关数据，这些数据可说明蓄电池的负荷状态和使用寿命，可通过诊断方法读取存储器信息。

蓄电池温度传感器出现断路、短路或不可信数值时，就会采用一个替代值（20℃），该数值相当于固定的蓄电池充电电压 14.3 V。此时只能在一定条件下计算出蓄电池容量。蓄电池开关发生故障时会切换到休眠电流监控功能。

3. 电源系统部件常见的损伤形式

现代轿车电源系统主要由蓄电池、发电机、调节器、充电指示灯及连接导线组成。常见的损伤形式主要有蓄电池的极柱锈蚀、松动，蓄电池容量不足，电解液消耗过快，发电机电刷与滑环接触不良，励磁绕组或定子绕组断路，调节器内部断路、性能下降，电源系统连接器锈蚀、松动等。

由此引起的故障现象有：发动机起动时起动转速过低、前照灯亮度低、按喇叭时灯光变暗；收车前蓄电池充足电，前照灯明亮，喇叭响亮，但次日起动困难；发动机正常运转时，充电指示灯虽然不亮，但蓄电池充电明显不足，夜间行车大灯灯光暗淡；发动机怠速和低速运转时，充电指示灯常亮，当发动机转速达到 2 000 r/min 时，充电指示灯熄灭，等等。

维修实践表明，由于蓄电池导致的汽车故障占维修整车故障的 10% 左右。

（1）蓄电池常见的损伤形式及成因

蓄电池常见的损伤形式有极柱氧化、锈蚀，柱头接线松动，外壳变形或破裂，蓄电池盖上积有不洁物，极板上的活性物脱落，极板破裂，联条损坏，蓄电池封口胶开裂等。

1) 极柱氧化。

铅蓄电池在使用过程中由于维护不及时，对蓄电池表面、接线螺母和接线柱不能及时清洗，积存在接线螺母和接线柱上的灰尘污物与从蓄电池加液盖通气孔中释放出来的硫酸蒸气作用，生成了氧化物或硫酸铅，造成接线螺母与接线柱之间的接触不良、电阻增大。氧化物及硫酸铅都属于电的不良导体，同时也增加了外电路的电阻。电阻增大以后，在以大电流放电时，电量损耗很大，使电池的放电容量减小，使用寿命缩短。图 2-5 所示为蓄电池极柱锈蚀。

图 2-5 蓄电池极柱锈蚀

2) 外壳破裂。

蓄电池外壳破裂将造成电解液泄漏，致使蓄电池电量不足。图 2-6 所示为蓄电池外壳破裂。

资源2-3 蓄电池的结构与维修

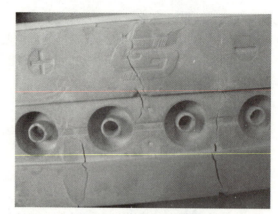
图2-6 蓄电池外壳破裂

造成蓄电池外壳破裂的原因有：

①通气孔堵塞。

在长时间充放电过程中，蓄电池内部温度上升，电解液发生化学反应产生的大量氢气、氧气等气体排不出去，内部压力骤增，极易胀坏壳体；或者起动机使用时间过久，电解液温度急剧上升，电解液和气体急剧膨胀，造成壳体破裂。

②极间短路。

加注电解液时带进金属屑或极板上的活性物质脱落，在蓄电池内形成短路。

③蓄电池安装不牢。

蓄电池松动会振裂壳体，造成早期异常损坏。

④低温冻裂。

在北方地区的冬天，低温放电量在25%以下应立即补充电。否则，电解液相对密度过低，会冻裂壳体。

⑤高温暴晒。

夏天气温高，蓄电池较长时间在烈日下暴晒，容易致使壳体变形或破裂，若电解液渗漏到电缆沟，则会引起线路短路产生火花，起火爆炸。

3）蓄电池漏液。

蓄电池常见的漏液部位主要在电池槽盖之间密封处、安全阀处、极柱端子密封处。图2-7所示为蓄电池极柱端子密封处漏液。

图2-7 蓄电池极柱端子密封处漏液

电池槽盖密封一般采用环氧胶粘接密封和热熔密封两种方法。用热熔密封法密封时，若密封处有蜂窝状沙眼，则由于电池内部存在 O_2，在一定气压下，O_2 带着酸雾沿沙眼通道产生漏液。用环氧胶粘接密封法密封时，若密封处有缺胶孔或龟裂，则极易造成漏液。

安全阀在一定压力下起密封作用，超过规定压力（开启压力）时安全阀自动打开放气，保证电池安全，造成安全阀漏液的主要原因如下：

①加酸量过多，电池处于富液状态，内部压力增大，安全阀开启，O_2 带着酸雾放出，多次开启，酸雾在安全阀周围积成酸液。

②安全阀耐老化性差，使用一段时间后，安全阀的橡胶受 O_2 和 H_2SO_4 腐蚀而老化，安全阀弹性下降，开启压力下降，甚至长期处于开启状态，造成酸雾，产生漏液。

4）蓄电池自行放电。

已充足电或使用良好的蓄电池，待 1~2 天后即无电，开前照灯不亮，按电喇叭响声减弱甚至不响，即可视为蓄电池自行放电。其主要原因有：蓄电池内部短路、极板活性物质脱落、电解液不纯、电解液与极板隔板材料中有杂质；蓄电池外壳过脏或在颠簸中溢出的电解液过多，在盖上和桩头间造成短路。

5）蓄电池极板硫化。

蓄电池长期处在放电状态或者充电不足状态下，会在极板上逐渐生成一层白色、粗大而坚硬的硫酸铅晶体，称为极板硫化。

极板硫化的主要原因有：蓄电池经常在电量不足的情况下使用，特别是当单格电压低于 1.76 V 时，仍以较大电流放电，如使用起动机等；充电不足的蓄电池较长时间放置不用，又没有定期补充充电；电解液的密度经常过高；电解液的液面高度太低，使极板上部长期暴露在空气中（主要是负极板）；汽车行驶过程中上下波动的电解液与极板氧化部分接触，造成极板活性物质氧化生成粗晶粒的硫酸铅，使极板上部硫化；配制电解液用的浓硫酸或蒸馏水不纯，有杂质，造成蓄电池内部短路；蓄电池在车上固定的位置不合理，导致蓄电池长期工作温度高于 45℃。

（2）发电机常见的损伤形式及成因

发电机常见的损伤形式有励磁绕组断路或短路、滑环磨损过大或脏污、定子绕组断路或短路、整流器损伤、电刷组件损伤等。

1）励磁绕阻断路或短路。

发电机励磁绕组的两根引出线分别焊接在与轴绝缘的两个滑环上。在发电机工作过程中，若焊接质量不好或焊锡老化，绕组可能与滑环脱焊或松动，从而引起励磁绕组与滑环间断路，如图 2-8 所示。

图 2-8　励磁绕组与滑环间断路

资源 2-4　交流发电机的拆装检查

发电机的励磁绕组是用漆包线绕制、浸漆烘干而成的。若导线的绝缘层损坏，将引起线圈匝间或线圈与轴间短路。如果线圈短路，电流会在线圈和转子之间流动，导致励磁绕组所形成的磁场减弱。

2）滑环磨损过大或脏污。

发电机转子是一个旋转的电磁体，绕组的两端都连接到滑环上。转子旋转时，滑环和电刷接触，绕组中有电流通过，流过滑环与电刷间的电流会引起接触火花烧蚀滑环。图2-9所示为滑环锈蚀、脏污。

资源2-5　交流发电机主要部件的损伤

图2-9　滑环锈蚀、脏污

当滑环的外径小于规定值时，滑环和电刷之间的接触不足，有可能影响电流环流的平稳，最终降低发电机的发电能力。图2-10所示为滑环磨损过大。

图2-10　滑环磨损过大

3）定子绕组的损伤。

定子绕组的损伤主要有定子绕组内膛碰伤、擦伤，绕组导线断路、短路，绝缘漆层脱落，焊头脱焊和松动，相与相之间或匝与匝之间短路等。图2-11所示为定子绕阻断路。

图2-11　定子绕阻断路

其损伤的主要原因如下：

①定子浸漆处理不好。绝缘漆没能填满槽内空隙，使导线固定作用减小。同时导热介质由于气隙存在相对减少，定子线圈的热量不能及时传出，最易引起匝间、相间短路。

②交流发电机输出电流过大。过载使用时间过长（属匹配不合理），超过定子绕组的载流值，使定子绕组因过流而烧毁。

③发电机清洁不好。定子线表面油污、油泥过量，散热不良，长时间工作温度升得过快过高，使绝缘物热老化失效而损坏。

④交流发电机使用时环境温度过高。排气管或增压器导线管距离发电机进风口（后端）过近，一方面过热，另一方面使导线散热不良造成热损坏。

⑤发电机使用时间过长，自然老化。

⑥轴承因缺油松动或烧蚀，致使轴承径向间隙过大而使转子轴偏心，造成转子与定子碰刮内膛，使定子绕组局部温升过高而短路或机械性断路。

⑦前后端盖紧固螺钉紧度不一或部分失效，造成扫膛使定子损坏。

4）整流器损伤。

整流器的主要损伤有：二极管断路、二极管击穿短路及性能不良（如反向电阻小）、二极管引线与导电片脱焊、二极管与底座间接触松动等。反映在交流发电机上的表现为：充电电量小、充不满电，甚至不充电。图2-12所示为整流器的损伤。

图2-12 整流器的损伤

造成整流器损伤的主要原因如下：

①电压调节器损坏或调节电压长时间过高，超过了二极管的正向工作截流值，使二极管被击穿。

②发电机工作时，电源线路或用电设备搭铁短路，造成发电机输出电流超过二极管可能承受的电流流量，导致二极管被击穿。

③汽车加装其他大功率的电气设备，超过发电机的性能输出指标，长时间工作，不但会造成蓄电池充电不足、有关线路电器元件烧毁等故障，还会使发电机充电系统和整流元件损坏。

④某个二极管因特殊原因损坏后未能及时发现和更换（此时的输出电压下降很明显），造成其他二极管的工作负担加大，长时间下去会形成连锁反应，致使其他二极管相继损坏。

⑤定子绕组相引线与二极管中心引线连接处螺钉松动或连接片接触面脏污氧化，形成了接触电阻，致使温升过高而造成二极管PN结烧毁或中引线烧断。

⑥蓄电池极性接反、发电机不清洁、通风散热不好，致使二极管因反向电流过大或超过

耐温值而损坏。

5) 电刷组件损伤。

发电机电刷的作用是将电流通过滑环引入励磁绕组。电刷组件常见的损伤有：电刷磨损过大、电刷弹簧弹力不足、电刷与其连线镶嵌不牢、电刷与滑环接触面积小、电刷在电刷架内发卡、电刷架损坏或有裂纹等。图2-13所示为电刷。

图 2-13 电刷

（3）电压调节器常见的损伤形式及成因

电压调节器用于保持发电机输出电压的恒定，防止电压过高而烧坏用电设备或导致蓄电池过量充电。

现代汽车电源系统所用调节器均为电子式电压调节器，其调节方法是利用功率管的开关特性使磁场电流接通与切断，以调节磁场电流，保持发电机输出电压的恒定。

电压调节器常见的损伤形式是调节器内部电路断路或短路，如图2-14所示。

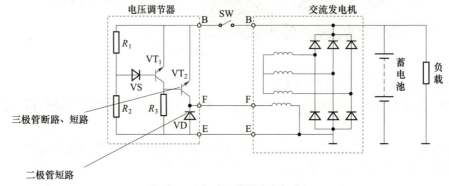

图 2-14 电压调节器内部损伤

造成电压调节器损伤的主要原因如下：

1) 发电机输出电压长时间过高，超过了三极管的额定值，使调节器温度长时间过高，导致三极管断路。

2) 汽车加装其他大功率的电气设备，超过发电机的性能输出指标；大功率电气设备长时间工作，不但造成蓄电池充电不足、有关线路电气元件烧毁等故障，还会使发电机电压调节器损坏。

3）电压调节器不清洁、通风散热不好，致使三极管超过耐温值而损坏。

(4) 电源系统常见故障及原因

电源系统常见的故障有充电指示灯常亮、充电电流过大、充电电流过小和充电电流不稳定等。

1）充电指示灯常亮。

发动机起动后，当发电机的输出电压高于蓄电池的电动势时，发电机向蓄电池充电，此时充电指示灯熄灭。

发电机正常运转时，若充电指示灯常亮，说明发电机发电量低，输出电压低于蓄电池电动势。图2-15所示为电源指示灯常亮状态。

图 2-15 电源指示灯常亮状态

以下原因可能引起发电机的转速下降或磁场减弱，从而造成充电指示灯常亮。

①发电机驱动皮带松弛；皮带上沾有油渍；皮带轮磨损过度，使皮带的底面与皮带轮的V形槽底面接触。皮带传递转矩靠的是两侧面与皮带轮V形槽两边的侧摩擦力，皮带与皮带轮两底面接触后，即使皮带张力足够，皮带与皮带轮的侧摩擦力也会因其压力不够而不能足量表现出来，造成皮带打滑。

②转子是一个旋转的电磁体，内部有励磁绕组。绕组的两端都连接到滑环上。转子旋转时，滑环和电刷接触，绕组中有电流通过。滑环的烧蚀和脏污会影响绕组中电流的大小，当绕组中的电流减小时，发电机的性能降低。

③电刷弹簧使电刷与滑环接触，电刷在电刷架中应活动自如。若电刷和电刷架有破损或裂纹，弹簧有断裂、锈蚀或弹力过小等现象，均会影响绕组中电流的大小。

④当滑环的外径小于规定值时，滑环和电刷之间的接触不足，有可能影响电流环流的平稳，从而降低发电机的发电能力。

⑤转子轴支承松旷，轻者使转子与定子铁芯之间的气隙发生变化。在转子两端处，气隙一边最大而另一对边最小（即转子与定子铁芯的中心线产生夹角）。气隙增大，使磁阻增大，从而使磁通量不足；重者，导致扫膛，使磁通量和转速均不足。

⑥如果转子线圈短路，电流会在线圈和转子之间流动。

⑦发电机整流器出现短路或断路故障。

⑧电压调节器内部短路或断路。

2）充电电流过小。

蓄电池在亏电情况、发动机中速以上运转时，蓄电池经常存电不足；打开大灯，灯光暗淡，按电喇叭声音小。

以下原因可能引起发电机的转速下降或磁场减弱，从而造成充电电流过小。

①发电机皮带打滑。

②蓄电池"+"极至发电机电枢接柱间的线路接触不良。

③发电机的磁场线路接触不良。

④电刷与滑环接触不良。

⑤电枢绕组局部短路或断路。

⑥个别二极管断路或被击穿。

⑦电压调节器工作不良。

3）充电电流不稳。

发动机正常运转时，汽车上的充电指示灯总是闪亮。

引起充电电流不稳的原因如下：发电机皮带过松、跳动或带轮失圆，发电机内部接线松动、接触不良，发电机电刷磨损过大或卡滞，电刷弹簧弹力减退或折断，滑环脏污或失圆，调节器工作不良，磁场线接触不良。

资源 2-6　如何判断汽车电瓶不存在还是发电机损坏

资源 2-7　老师傅教你快速辨别汽车蓄电池失效

资源 2-8　检查更换蓄电池

资源 2-9　蓄电池技术状况检测

二、任务实施

项目1　蓄电池维护

1. 项目说明

蓄电池技术状况直接影响着发动机的起动性能和正常运转，保证蓄电池的良好技术状况是车辆正常运行的保障。蓄电池的维护主要包括蓄电池的日常维护、蓄电池电解液液面高度的检查、蓄电池端电压的检测、电解液密度的测量、蓄电池放电程度的检查及蓄电池的充电等。

2. 技术标准与要求

1）学员能在 30 min 内完成此项目。

2）技术标准。维护蓄电池并填表2-1。

表2-1　蓄电池维护

项目	标准		检查结果
蓄电池液面高度/mm	10~15		
蓄电池电解液密度/（g·cm^{-3}）	1.27		
开路电压检测	电压/V	蓄电池充电状态/%	
	12.6以上	100	
	12.5~12.6	76~99	
	12.3~12.4	51~75	
	12.1~12.2	26~50	
	11.7~12.0	0~25	
	11.7以下	0	

3. 设备器材

能正常运转的爱丽舍轿车、万用表、充电机、专用检测仪P300。

4. 作业准备

1）停车，打开发动机盖。　　　　　　　　　　　　□任务完成

2）铺上护套。　　　　　　　　　　　　　　　　　□任务完成

3）检查车辆是否平稳。　　　　　　　　　　　　　□任务完成

5. 操作步骤

（1）蓄电池的日常维护

为使蓄电池经常处于完好的技术状态，延长使用寿命，对使用中的蓄电池需要进行下列项目的日常维护。

1）检查壳体表面有无电解液漏出，如图2-16所示。

图2-16　检查蓄电池有无电解液漏出

2）清洁蓄电池外表面，清除极柱和电缆卡子上的氧化物，如图2-17所示。对极柱和电缆卡子，可先用苏打水溶液清洗，再用专用清洁工具进行清洁。清洁后，在电缆卡子上涂上凡士林或润滑油防止腐蚀。

注意：清洁蓄电池之前，要拧紧加液孔盖，防止苏打水进入蓄电池内部。

图 2-17　清除极柱和电缆卡子上的氧化物

3）定期疏通加液孔盖上的通气孔，保持加液孔盖上通气孔的畅通。图 2-18 所示为疏通加液孔盖上的通气孔。

图 2-18　疏通加液孔盖上的通气孔

4）定期检查并调整电解液液面高度，液面不足时，应补加蒸馏水。蓄电池的壳体是用透明或半透明材料制成的，在上面有正常液位范围标记。电解液的液位必须在正常范围之内。图 2-19 所示为检查蓄电池电解液液面高度。

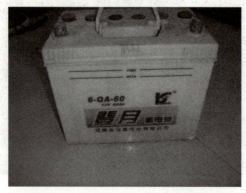

图 2-19　检查蓄电池电解液液面高度

5）汽车每行驶 1 000 km 或夏季行驶 5~6 天，冬季行驶 10~15 天，应用密度计或高率放电计检查一次蓄电池的放电程度，如图 2-20 所示。

电解液密度与放电程度的关系是密度每下降 0.01 g/cm^3 相当于蓄电池放电 6%，当判定蓄电池在夏季放电超过 50%、冬季放电超过 25% 时不宜再使用,应及时进行充电,否则会使蓄电池早期损坏。

图 2-20　检查蓄电池的放电程度

(2) 蓄电池就车整体测试

测试前使用钢丝刷等清扫蓄电池的接线柱及连接电缆,关闭所有的车辆用电器,并使点火开关处于关闭位置,如图 2-21 所示。之后,静置蓄电池至少 5 min。

图 2-21　关闭点火开关和所有用电器

1) 连接正负极接线柱:把黑色夹钳接到蓄电池负极 (-) 接线柱上,红色夹钳接到正极 (+) 接线柱上。此时,检测仪将显示测量到的电压值,如图 2-22 所示。

2) 选择蓄电池的位置:在"IN-VEHICLE"(车内)状态按一下 [ENTER] 键,提示选择"BAT. LOCATION"(电池的位置)。选用"IN-VEHICLE"(车内)选项,如图 2-23 所示。

图 2-22　连接蓄电池的正、负极接线柱

图 2-23　选择蓄电池的位置连接

3) 选择蓄电池的类型:"REGULAR"(常规铅酸型蓄电池)。

按一下 [ENTER] 键,提示选择"BAT. TYPE"(蓄电池的类型):选用"REGULAR"(常规铅酸型蓄电池)选项,不选用"AGM"和"GEL",如图 2-24 所示。

4)选择蓄电池的测试标准:"CCA"。

按一下[ENTER]键,提示选择"BAT. STANDARD"(标准):选用"CCA"选项,如图2-25所示。

图2-24 选择蓄电池的类型

图2-25 选择蓄电池的测试标准

5)选择蓄电池的额定值:"640 CCA"。

按一下[ENTER]键,提示选择"BAT. RATING"(蓄电池的额定值):选用"640 CCA",如图2-26所示。

6)按一下[ENTER]键,开始测试,如图2-27所示。

图2-26 选择蓄电池的额定值

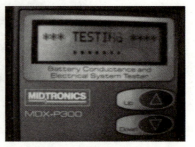
图2-27 开始测试

7)可能会出现的两个附加选项,只有在蓄电池处于临界状态下才会出现,一般是不出现的。如出现,则按照如下选择后再按一下[ENTER]键继续。

"BATTERY TEMP"(蓄电池温度)提示:选用"ABOVE 0℃/32°F"(零摄氏度以上)还是"BELOW 0℃/32°F"(零摄氏度以下),根据测量时的实际情况进行选择,如图2-28所示。

出现"CHARGE STATE"(充电状态)提示:不管是否充过电,此时一律选择"BEFORE CHARGE"(充电前)。

(a)

(b)

图2-28 蓄电池的测试温度
(a)零摄氏度以上;(b)零摄氏度以下

8）屏幕交替显示蓄电池的测试结果和"PRESS ↵ FOR STARTER TEST"（按[ENTER]键进行起动测试），如图2-29所示。

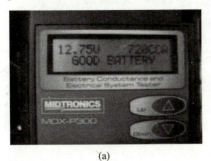 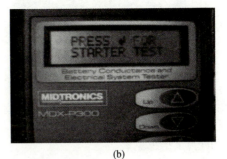

(a) (b)

图2-29 交替显示蓄电池的测试结果

(a) 蓄电池的测试结果；(b) 进行起动测试

蓄电池的测试结果见表2-2。

表2-2 蓄电池的测试结果

英文显示	中文含义
GOOD BATTERY	电池良好
GOOD-RECHARGE	良好—需充电
CHARGE & RETEST	充电后重新测试
REPLACE BATTERY	更换电池
BAD CELL-REPLACE	坏格电池—更换

9）按[ENTER]键进行起动测试，显示提示"START ENGINE"（起动发动机），此时起动发动机，不要熄火，如图2-30所示。

此时，如不能起动车辆，则对蓄电池充电或更换蓄电池后再测试。

图2-30 起动测试

10）屏幕交替显示起动测试结果和"PRESS ↵ FOR CHARGING TEST"（按[ENTER]键进行充电系统测试），如图2-31所示。

 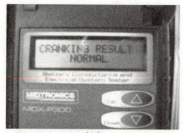

（a） （b）

图 2-31 交替显示起动的测试结果

（a）起动时的电压值；（b）正常起动电压

起动的测试结果见表 2-3。

表 2-3 起动的测试结果

英文显示	中文含义
CRANKING VOLTAGE	起动时的电压值
CRANKING RESULT NORMAL	正常起动电压
CRANKING VOLTAGE LOW	起动电压低
CHARGE BATTERY	给蓄电池充电
REPLACE BATTERY	更换蓄电池

11）按［ENTER］键进行充电系统测试，屏幕交替显示充电系统的测试结果和"PRESS ↵ TO PRINT"（按回车键打印），如图 2-32 所示。

（a） （b）

图 2-32 交替显示充电系统的测试结果

（a）充电电压正常；（b）按回车键打印

充电系统的测试结果见表 2-4。

表 2-4 充电系统的测试结果

英文显示	中文含义
CHARGING VOLTAGE OK	充电电压正常
CHARGING VOLTAGE NONE	没有充电电压
CHARGING VOLTAGE LOW	充电电压低
CHARGING VOLTAGE HIGH	充电电压高

12）按［ENTER］键进行结果打印，直到屏幕显示"COMPLETE"（完成），如图 2-33 所示。

 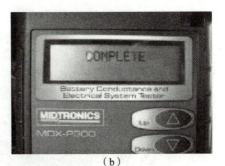

(a) (b)

图 2-33 打印结果

(a) 结果打印；(b) 打印完成

13）如上述蓄电池电压太低无法打印，则更换一个电压高的蓄电池再进行打印。操作如下：连接一个电压高（>10 V）的蓄电池，然后按一下［MENU］键，出现"MENU"提示，选择"PRINT RESULTS"（打印结果），再按一下［ENTER］键进行结果打印。

（3）蓄电池的充电

经过整体测试的蓄电池，若测试结果显示需要进行充电，则应对蓄电池进行补充充电。蓄电池在使用过程中，若出现以下情况之一也需要对蓄电池进行补充充电。

1）起动机运转无力（非机械故障）。
2）发动机不工作情况下，前照灯灯光暗淡；电喇叭声音小，电力不足。
3）电解液密度下降到 1.15 g/cm^3 以下。
4）冬季放电超过 25%，夏季放电超过 50%。
5）单格电池电压降到 1.7 V 以下。
6）蓄电池已连续使用 3 个月以上或放置 1 个月以上。

需要补充充电的蓄电池应根据需充电蓄电池的技术状况、数量以及充电设备的不同选择充电方法。当需充电的蓄电池容量不同且技术状况差异较大时，可选用定压充电法；而对于容量接近、技术状况相近的蓄电池可选用定电流充电法。

对于补充充电的蓄电池，第一阶段充电电流为：$Q_e/10$；第二阶段充电电流为：$Q_e/20$。

蓄电池补充充电的步骤如下：

1）首先进行蓄电池的清洁，如图 2-34 所示。

图 2-34 蓄电池的清洁

资源 2-10 汽车蓄电池内置式电解液密度计工作原理

2）检查液面高度，若液面高度不足，则应用蒸馏水将液面高度调整至标准，如图2-35所示。

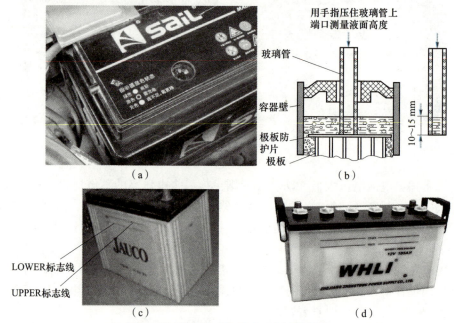

图2-35　蓄电池电解液液面高度的检查

3）将充电机和蓄电池之间进行正确的连接，如图2-36所示。

图2-36　充电机与蓄电池的连接

4）选择蓄电池充电电流，如图2-37所示。

图2-37　蓄电池充电电流的选择

5）充电过程中，每隔 2～3 h 应测量一次蓄电池的充电电压、电解液的相对密度和温度。当单格电压达到 2.4 V 时，应及时转入第二阶段充电，直到充足电为止。

6）充电结束 30 min 后测量电解液的相对密度值，如果不符合规定要求，应进行调整。相对密度偏低时，应补充适量密度为 1.40 g/cm³ 的稀硫酸，反之则应补充蒸馏水。

充电注意事项：

①硫酸入水。

②室内通风。

③严禁试火。

④低压接入。

⑤断电连接。

⑥墙、地防酸处理。

⑦人身防护。

⑧应急处理：大水冲洗。

⑨不开危险玩笑。

⑩定时检测调节。

⑪记录技术资料。

⑫保持工具场地清洁。

(4) 蓄电池暗电流测量

在汽车点火开关处于 OFF 位及所有电器开关都断开以后，车辆的运行信息需要保存在 ECU 的存储器内，但数字式石英钟以及电子调谐式收放机等装置仍然需要供电，这些电器以低功耗模式保存相关数据。根据汽车电子设备的多少以及智能化程度的高低，在点火开关断开 5～60 min 后进入休眠状态，在正常状态下，休眠电流一般只有 30～50 mA，所以蓄电池会有微量电流输出。另一方面，汽车的电气设备存在着难以避免的、微量的漏电现象。以上这些放电电流统称为暗电流。

汽车电源系统的暗电流（又称为静电流、漏电量、寄生电流），一般以"mA"为单位。

暗电流的常用检测方法有：使用万用表测量、钳形电流表测量，采用隔离法（分段拔去保险丝）或蓄电池测试仪检查。

使用万用表测量时，首先断开汽车上所有的用电设备开关，将点火开关转至 OFF 位，然后选择万用表的大电流挡，将万用表串联在蓄电池负极电缆与负极极柱之间，即负表笔（黑色）接触负极极柱，正表笔（红色）接触蓄电池的负极电缆（之所以要这样连接，是因为拆开的负极电缆的电位比蓄电池负极极柱的电位高），如图 2-38 所示。

再逐一断开各分支电路，然后观察万用表指示数据的变化情况，如果略有变动，说明暗电流很小，是汽车上的小功率用电设备（如电子钟）在耗电（在静态下，如果蓄电池的放电电流不超过 50 mA，说明暗电流基本正常）；如果万用表指示数据变化很大（蓄电池的放电电流大），说明电源系统的暗电流过大。

注意：应当先将万用表的两端与蓄电池的负极极柱和负极电缆连接好，然后从蓄电池的负极上脱开负极电缆，再进行检测。不要先拆开蓄电池的负极电缆，然后再连接万用表。

使用钳形电流表测量暗电流时，应在发动机熄火、确认车辆的所有用电设备关闭 15 min 后，将钳形电流表的量程调整到 4 000 mA 挡，扳开钳口将表头套在蓄电池的负极线束上，如图 2-39 所示。

图 2-38　用万用表测量蓄电池暗电流

图 2-39　用钳形电流表测量暗电流

读取 LCD 上的显示值，即可判断是否存在蓄电池漏电故障。正常情况下，休眠电流一般只有 30 mA 左右，如果车辆开启了防盗系统，则测得的电流值不超过 30~50 mA 都属于正常。

项目 2　发电机输出电压检测

1. 项目说明

蓄电池和发电机是并联工作的，当发电机的输出电压高于蓄电池电压时，发电机才能向用电设备供电并向蓄电池充电。若发电机的输出电压符合规定，则可判定发电机及其励磁电路工作良好。

2. 技术标准与要求

1）学员能在 10 min 内完成此项目。

2）技术标准。发电机输出电压见表 2-5。

表 2-5　发电机输出电压

发动机转速	负载	发电机输出电压/V
静止	空载	12.0~12.6
1 500~2 000 r/min	空载	13.5~14.5
2 000 r/min	前照灯和暖风电动机工作	13.5~14.5

3. 设备器材

能正常运转的爱丽舍轿车、万用表。

4. 作业准备

1）停车，打开发动机盖。　　　　　　　　　　　　　□任务完成

2）铺上护套。　　　　　　　　　　　　　　　　　□任务完成

3）检查车辆是否平稳。　　　　　　　　　　　　　□任务完成

5. 操作步骤

1）关闭点火开关，将万用表拨到直流电压挡，红表笔接蓄电池正极、黑表笔接蓄电池负极，记下此时电压表指示的电压，该电压即为蓄电池的空载电压，正常值为 12.0~12.6 V。图 2-40 所示为蓄电池空载电压测试。

图 2-40　蓄电池空载电压测试

2）起动发动机，使发动机转速达到 1 500~2 000 r/min，观察此时电压表的读数，标准值为 13.5~14.5 V。

3）使发动机怠速运转，打开前照灯和暖风电动机，如图 2-41 所示。将发电机转速提高到接近 2 000 r/min，检查电压表读数，它应比先前读到的基本电压读数最少增加 0.5 V。

(a)

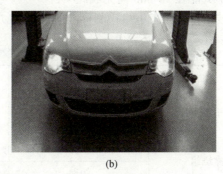

(b)

(c)

图 2-41　打开前照灯和暖风电动机

(a) 前照灯开关；(b) 前照灯亮；(c) 暖风电动机开关

6. 记录与分析

蓄电池就车整体测试作业记录单见表 2-6。

表 2-6 蓄电池就车整体测试作业记录单

姓名		班级		学号		组别	
车型		发电机型号		作业单号		作业日期	
蓄电池测试结果				处理方法			
无负载状态							
起动状态							
充电电压							

项目 3 发电机维护

1. 项目说明

发电机在工作过程中，不可避免地存在磨损、电火花、老化等现象，造成发电机的滑环、电刷磨损过量、脏污和烧蚀，弹簧弹力不足，励磁线圈和定子线圈的断路或短路等，从而影响发电机的正常工作。因此，当电源系统充电指示灯常亮现象出现时，应对发电机进行必要的检测。

2. 技术标准与要求

1）学员能在 15 min 内完成此项目。
2）技术标准。发电机检测标准值见表 2-7。

表 2-7 发电机检测

项目		标准值
定子绕组	断路	<1 Ω
	短路	∞
励磁绕组	断路	3.5~6 Ω
	短路	∞
滑环	圆度	<0.025 mm
	厚度	>1.5 mm
整流器	正向	500~700 mV
	反向	∞
电刷组件	高度	>原高度的 1/2
	弹簧弹力	电刷从电刷架中伸出 2 mm，弹簧弹力 2~3 N

3. 设备器材

发电机、万用表、常用工具、煤油或清洗剂及棉纱等。

4. 作业准备

1) 清洁工作台面、发电机部件。　　　　　　　　☐任务完成

2) 准备万用表、常用工具。　　　　　　　　　　☐任务完成

3) 准备作业记录单。　　　　　　　　　　　　　☐任务完成

5. 操作步骤

(1) 交流发电机不解体检测

1) 外部观察和转动检查。

检查交流发电机各接线柱有无松动；用手转动交流发电机转子，检查交流发电机转子转动是否灵活，是否有异响和卡滞现象，如图2-42所示。

图 2-42　检查交流发电机转子转动是否灵活

资源 2-11　发电机的就车检测

2) 用数字式万用表测量交流发电机接线柱间的电阻值或电压值。

测量交流发电机 D 接线柱与 E 接线柱之间的电阻值，如图 2-43 所示。万用表红、黑表笔分别接 D 接线柱和 E 接线柱，其阻位应符合标准要求。测量时，用手转动发电机转子，观察电阻值的变化情况。若转动转子时电阻值偏大，则可能是电刷与滑环接触不良、电刷弹簧弹力过小、电刷磨损过大或电刷接线柱松动等原因造成的。

图 2-43　测量交流发电机 D 接线柱和
E 接线柱之间的电阻值

资源 2-12　发电机的拆卸与
主要部件检测

测量交流发电机 B 接线柱和 E (发电机外壳) 接线柱之间的正反向导通电压值，如图 2-44 所示。测量正向电压值：红表笔接 B 接线柱，黑表笔接 E (发电机外壳) 接线柱，此时电压值应符合标准要求。

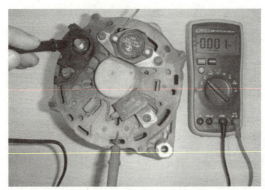

图 2-44　测量交流发电机 B 接线柱与 E 接线柱之间的正反向导通电压值

（2）交流发电机解体后检测

1）滑环检测。

滑环表面应平整光滑，无明显烧损，否则应用 00 号砂纸打磨，如图 2-45 所示。两滑环间隙处应无污垢。滑环圆度误差不超过 0.025 mm，厚度不小于 1.5 mm。图 2-46 所示为交流发电机转子滑环检测。

图 2-45　用砂纸打磨滑环

图 2-46　交流发电机转子滑环检测

2）励磁绕组检测。

将两表笔分别触碰在滑环上，其电阻值应符合技术标准。若阻值为∞，则说明断路；若阻值过小，则说明短路。图 2-47 所示为交流发电机励磁绕组检测。

将万用表两表笔分别触碰在滑环与铁芯（或转子轴）间，其阻值应为∞。

图 2-47　交流发电机励磁绕组检测

3）定子绕组检测。

将万用表拨至 $R\times1~\Omega$ 挡,两表笔分别检测定子绕组各相的电阻值,其阻值应小于 $1~\Omega$。图2-48所示为交流发电机定子绕组检测。如果阻值为无穷大,说明定子绕组断路,应更换。

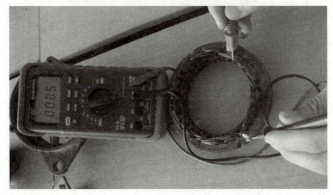

图 2-48　交流发电机定子绕组检测

定子绕组短路检测时,首先目测绕组漆包线状况,若漆包线变成焦糊色或绝缘漆严重脱皮,说明定子绕组有短路故障,应更换。

将万用表拨至 $R\times10~k\Omega$ 挡,一表笔接定子铁芯,另一表笔接定子绕组的任意一个引出端,万用表应不导通。图2-49所示为交流发电机定子绕组绝缘性能检测。

图 2-49　交流发电机定子绕组绝缘性能检测

若万用表导通,说明定子绕组有短路故障,应更换定子绕组。

用万用表检测定子绕组存在匝间短路故障时,需将三相绕组与整流器元件分开,并将中性点脱焊分离。若万用表指示 $10~k\Omega$ 以上,说明绕组匝间绝缘良好;若万用表指示电阻值较小,则说明其绝缘性不好,有匝间短路故障,应检修或更换定子绕组。

4) 检查整流器二极管。

分解发电机后端盖,将整流板拆下。测量二极管,可以使用指针式万用表,也可以使用数字式万用表。用指针式万用表检测二极管时,二极管的阻值随万用表内部电压高低及挡位不同而有所不同,通常使用 $R\times10$ 或者 $R\times10~k$ 挡。测量正向电阻值,一般为 $8\sim10~\Omega$,反向电阻值应为几十千欧以外。若正、反向电阻值差异很大,说明二极管良好;若正、反向电阻均为∞,说明断路;若均为零,说明短路。

使用数字万用表测量时,质量良好的二极管正向电压一般为 $500\sim700~mV$,如果被测二极管开路或极性接反,显示屏将显示"OL",反向电阻为几百千欧。图2-50所示为交流发电机二极管性能检测。

图 2-50 交流发电机二极管性能检测

5）检查电刷组件。

电刷表面不得有油污，且应在电刷架中活动自如，电刷磨损不得超过原高度的 1/2（用游标卡尺或钢直尺检测）；检测电刷弹簧弹力时，电刷从电刷架中露出长度应为 2 mm，电刷弹力一般为 2~3 N。电刷架应无烧损、破裂或变形。图 2-51 所示为电刷组件的检查。

图 2-51 电刷组件的检查

项目 4　调节器检测

1. 项目说明

当发动机转速或车辆用电设备负载发生变化时，调节器用于调节发电机的输出电压和电流。若调节器内部断路、短路或接触不良，将造成电源系统不充电、输出电压过高或充电电流不稳等故障。因此，应对调节器进行必要的性能检测。

资源 2-13　调节器检测维修

2. 技术要求

学员能在 10 min 内完成此项目。

3. 设备器材

电压调节器、可调稳压电源、试灯。

资源 2-14　调节器的检测与试验

4. 作业准备

1）检查电源。　　　　　　　　　　　　　　　　□任务完成

2）准备万用表、常用工具。　　　　　　　　　　□任务完成

3）准备作业记录表。　　　　　　　　　　　　　□任务完成

5. 操作步骤

图 2-52 所示为晶体管调节器性能测试连接电路。接好线路，稳压电源的"+"接线柱连接调节器的"+"，稳压电源的"-"接线柱连接调节器的"-"。若为内搭铁式调节器，则试灯的两端分别连接调节器的"F"和"+"；若是外搭铁式调节器，则试灯的两端应分别连接调节器的"F"和"-"。图 2-53 所示为试灯连接电路。

图 2-52　晶体管调节器性能测试连接电路

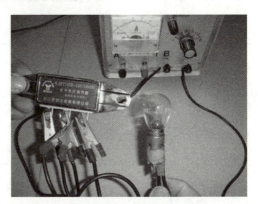

图 2-53　试灯连接电路

逐渐调高直流电压，当电压调整到 3.5 V 左右时，试灯开始发亮，如图 2-54 所示。接近 14 V 时最亮，如图 2-55 所示。继续升高电压，灯泡由亮转灭，再继续升高电压，灯泡也不亮。逐渐降低直流电压，当电压下降刚刚小于 14 V 时，灯泡又亮起，说明调节器性能良好。若升高电压后试灯常亮，表明调节器内部短路；若升高电压后试灯始终不亮，表明调节器内部断路。

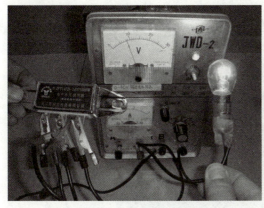

图 2-54　电压低时试灯微亮

图 2-55　电压接近 14 V 时试灯最亮

项目 5　电源系统充电指示灯常亮故障诊断

1. 项目说明

电源系统各部件在使用过程中发电机驱动皮带松弛、打滑，电刷磨损，滑环脏污，绕组断路，整流器损坏等原因均会引起电源系统工作不正常。若电源系统出现以下现象，则应停车进行必要的检查。

发动机转速在 1 200 r/min 以上运转、放电警告灯常亮、蓄电池经常亏电、前照灯亮度不如以前、起动机运转无力等。

2. 技术标准与要求

1）学员能在 30 min 内完成此项目。

2）技术标准。发电机输出电压见表 2-8。

表 2-8　发电机输出电压

发动机转速/（r·min^{-1}）	负载	发电机输出电压/V
0	空载	12.0~12.6
1 500~2 000	空载	13.5~14.5
2 000	前照灯和暖风电动机工作	13.5~14.5

3. 设备器材

能正常运转的爱丽舍轿车、万用表、试灯、常用工具。

4. 作业准备

1）检查电源。　　　　　　　　　　　　　　　□任务完成

2）准备万用表、常用工具。　　　　　　　　　□任务完成

3）准备作业记录表。　　　　　　　　　　　　□任务完成

5. 操作步骤

1）接通点火开关，检查放电警告灯是否点亮；起动发动机后使其在 1 200 r/min 以上转速运转，检查放电警告灯是否点亮，如图 2-56 所示。

图 2-56　检查放电警告灯

2）检查蓄电池各极柱是否松动、锈蚀，如图 2-57 所示；检查发电机各接线柱是否松动、锈蚀，如图 2-58 所示；检查发电机壳体搭铁是否良好，若连接处有松动则应紧固。

图 2-57　检查蓄电池各极柱是否松动、锈蚀

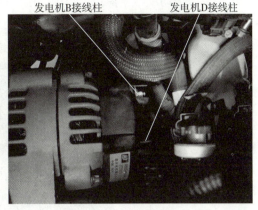
图 2-58　检查发电机各接线柱是否松动、锈蚀

3）在发动机怠速运转状况下，不加任何负载，用万用表测量发电机 B 接线柱的输出电压。若发电机输出电压为 13.5~14.5 V，说明发电机发电正常；若电压值低于车上蓄电池的电压值且指针不动，说明交流发电机不发电。图 2-59 所示为检查发电机输出电压。

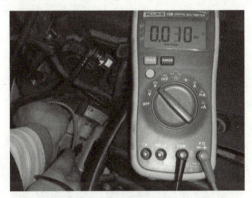
图 2-59　检查发电机输出电压

4）若发电机不发电，则应检查发电机传动皮带的技术状况。

用手摸、眼看传动皮带整个外围是否变形，是否有裂纹、层离或磨损，检查其安装状况。图 2-60 所示为检查发电机传送皮带的技术状况。

图 2-60　检查发电机传动皮带的技术状况

资源 2-15　调整或更换发电机皮带

学习任务 2　汽车电源系统故障检修

用手按压传动皮带，检查传动皮带松紧程度是否合适，其方法是：在维修手册规定的区域内施加一个 98 N 的力，检查传动皮带的挠度，标准值为 8~10 mm。图 2-61 所示为检查传动皮带的松紧度。

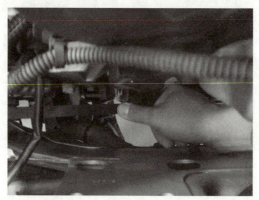

图 2-61 检查传动皮带的松紧度

检查传动皮带松紧度的另一方法是使用专用工具检查。检查流程如下：用手指卡住张力计手柄，手掌压住张力计杆，以便于卡头伸出能卡住测试的传动皮带。图 2-62 所示为张力计的使用方法。

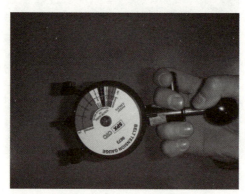

图 2-62 张力计的使用方法

将张力计卡到发电机传动皮带合适位置，迅速释放球杆。在刻度表上读取测量的发电机传动皮带张力。图 2-63 所示为用张力计检查传动皮带的松紧度。

图 2-63 用张力计检查传动皮带的松紧度

5）将发电机 D 接线柱的连接线插头拔下，在发动机不运转的情况下将点火钥匙开关旋至 ON 挡，用万用表直流电压挡测量接线端子的电压值，应为蓄电池电压。否则说明励磁线路有断路或短路，需检查 BF00 上的熔断器 F28 是否断路；检查 13VGR 插接器处 6B 端子及仪表处 26V JN 插接器的 9 端子、5 端子的对地电压。图 2-64 所示为检测发电机 D 接线柱上的电压。

图 2-64　检测发电机 D 接线柱上的电压

6）若发电机 D 接线柱的电压正常，则应拆下发电机，解体发电机并检查其技术状况。检查发电机的电刷组件是否破裂、电刷是否磨损过大、电刷弹簧是否折断等，如图 2-65 所示。

图 2-65　检查发电机的电刷组件

检查电压调节器与发电机输出接线柱接触是否良好、电压调节器的搭铁点是否锈蚀，测试电压调节器的性能是否良好，如图 2-66 所示。

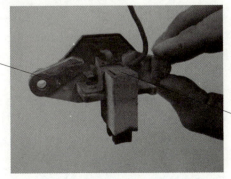

图 2-66　检查发电机电压调节器

检查发电机转子滑环是否脏污，磨损是否过大，与电刷接触面积是否过小，如图 2-67 所示。

图 2-67　检查发电机转子滑环

检查发电机定子绕组与整流器的接线柱是否脱焊，如图 2-68 所示。

图 2-68　检查发电机定子绕组与整流器的接线柱是否脱焊

若以上检查正常，则应检查发电机的励磁绕组是否断路或短路、定子绕组是否断路或短路、发电机的整流器二极管是否断路。

学习任务 3
汽车起动系统故障检修

工作情境描述

一辆装备 1.6 L 排量、16 气门发动机且装备有自动变速器的爱丽舍轿车，车辆停驶再次起动时，点火开关处于起动挡，起动机不转。驾驶员打电话到服务站，请求救援。服务顾问与驾驶员沟通后，要求更换了一个充足电的蓄电池，但故障依然存在。服务顾问开出工单要求你解决此故障。

学习目标

通过本任务学习，应能：

1. 描述爱丽舍汽车起动系统的结构特点。
2. 进行汽车起动系统电路简单分析。
3. 分析汽车起动机不转故障的原因，能读懂给定的诊断检查文案。
4. 根据维修手册，正确选用工具和检测设备，在 45 min 内安全规范地进行起动机技术状况的检测及更换。
5. 向客户介绍起动系统使用注意事项。
6. 向客户解释故障判断及处理结果。

学习时间　6 学时

学习引导

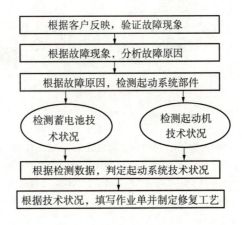

一、知识准备

1. 起动系统的工作过程

东风雪铁龙爱丽舍轿车起动系统由蓄电池、继电器、起动机、开关和导线等组成。图3-1所示为爱丽舍轿车起动系统电路。

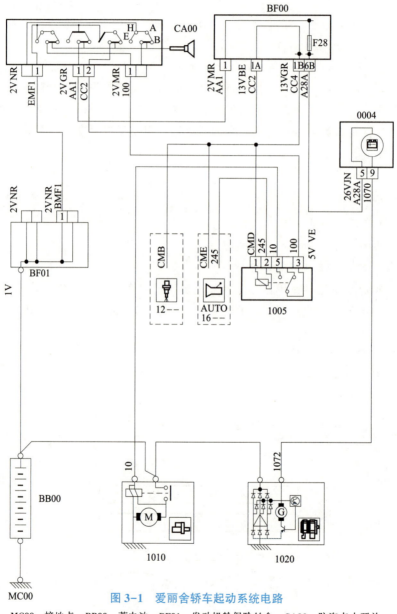

图3-1 爱丽舍轿车起动系统电路

MC00—接地点；BB00—蓄电池；BF01—发动机舱保险丝盒；CA00—防盗点火开关；
BF00—座舱保险丝盒；0004—组合仪表；1005—起动继电器；1010—起动机；
1020—发电机；2VNR—2通道黑色插接器；2VGR—2通道灰色插接器；
2VMR—2通道栗色插接器；5VVE—5通道绿色插接器

蓄电池是为起动机提供起动动力的电源。点火开关是起动系统中控制电路的控制开关，连接在起动继电器与蓄电池之间，在汽车方向盘转向柱或仪表盘一侧，由车钥匙以及遥控电路打开。电磁开关（继电器或电磁铁）控制起动电路的断开和接通，起动机将来自蓄电池的电能转化为机械能，用于驱动发动机曲轴旋转。

发动机起动时，自动变速器置于 P 挡或 N 挡。将点火开关旋至起动挡，起动机继电器的电磁线圈通电，电流路径为：蓄电池"+"→发动机舱保险丝盒 2VNR 插接器→防盗点火开关 2VNR 插接器→点火开关起动挡→13VBE 插接器→座舱保险丝盒 BF00→13VGR 插接器→起动机继电器 1005→变速杆位置开关→搭铁→蓄电池负极。继电器触点闭合，将电磁开关电路接通。

电磁开关的电流路径为：蓄电池"+"→发动机舱保险丝盒 2VNR 插接器→防盗点火开关 2VNR 插接器→点火开关起动挡→插接器 2VMR→起动机继电器触点→起动机接线柱→保持线圈→搭铁→蓄电池负极。

同时，电流由电磁开关接线柱经吸引线圈→导电片→主触头→励磁绕组→电枢绕组→搭铁→蓄电负极。保持线圈和吸引线圈的电流方向相同，产生的电磁吸力将活动铁芯吸入，在起动机缓慢转动下，拨叉将离合器推出，使驱动齿轮柔和地啮入飞轮齿环。

当驱动齿轮啮合约一半时，活动铁芯顶动推杆使接触盘将起动机的主触点接通，起动机运转。此时的电流路径为：蓄电池"+"→主触头→接触盘→主触点→励磁绕组→电枢绕组→搭铁→蓄电池负极。较大的起动电流流经励磁绕组和电枢绕组，起动机产生较大的转矩。

当发动机起动后，单向离合器打滑，松开点火开关即自动回到点火挡位，起动机继电器线圈断电，触点断开，使电磁开关的两个线圈串联，吸引线圈流过反向电流，加速了电磁力的消失。由于电磁开关的电磁力迅速消失，活动铁芯和推杆在回位弹簧的作用下返回。接触盘离开主触点，切断了起动电源，起动机停止转动。

东风雪铁龙 C5 轿车发动机起动原理电路如图 3-2 所示。发动机的起动原理如下：

1）将点火开关旋到起动挡时，点火开关通过导线 1065 将点火信号传送到智能控制盒 BSI，通过导线 1025 和 1025A 将起动信号分别传送到 BSI 和发动机舱控制盒 PSF1。

2）BSI 获得点火信号后，将全车的 CAN 高速网、CAN 车身网、CAN 舒适网等唤醒。

3）全车网络唤醒后，在 BSI 的指挥下，点火开关 CA00 内的防盗芯片、BSI、1320 发动机 ECU 之间就通过 CAN 高速网、CAN 车身网、CAN 舒适网进行防盗密码与函数的核对交流。

4）点火开关、BSI、发动机 ECU 之间的密码核对成功后，BSI 一方面通过 CAN 高速网线 9000 和 9001 向发动机 ECU 发出起动控制请求，发动机 ECU 收到了 BSI 的起动控制请求后，就做好控制燃油泵供油、喷油器喷油、点火线圈点火等起动准备工作；BSI 另一方面通过 CAN 车身网线 9017 和 9018 向发动机舱控制盒 PSF1 发出起动控制指令。

5）1630 自动变速器 ECU 一方面通过 CAN 高速网线 9000 和 9001 将 P 或 N 挡信号传送到 BSI，BSI 将 P、N 等挡位信号通过 CAN 舒适网线 9024 和 9025 传送到组合仪表 0004 上，显示出来告知驾驶员；自动变速器 ECU 另一方面通过导线 6725A 将 P、N 挡信号传送给发动机舱控制盒 PSF1。

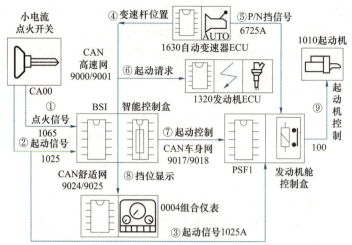

图 3-2 东风雪铁龙 C5 轿车发动机起动原理电路图

6）当 PSF1 获得点火开关的起动信号、BSI 的起动控制信号、自动变速器 ECU 送来的 P 或 N 挡信号后，PSF1 才控制内部继电器工作，于是继电器通过导线 100 控制 1010 起动机通电工作，同时发动机 ECU 控制燃油泵、喷油器、点火线圈等元件工作，在起动机和发动机 ECU 共同配合下，发动机起动运转。

2. 起动系统主要部件常见的损伤形式

起动系统主要部件常见的损伤形式有起动机继电器触点锈蚀、烧结，电磁线圈断路，起动机电刷与换向器接触不良，电刷磨损过大，电刷弹簧过软，电磁开关触点烧蚀，吸拉线圈及保持线圈断路，励磁绕组断路或短路，离合器打滑等。

（1）起动机继电器常见的损伤形式及成因

起动机继电器常见的损伤形式有触点氧化、锈蚀，接线柱松动，电磁线圈断路或短路，继电器磁轭与铁芯间空气间隙过大、弹簧弹力过大。图 3-3 所示为起动机继电器常见的损伤形式。

图 3-3 起动机继电器常见的损伤形式

汽车电气系统电源采用的是直流电，没有过零点电压，触点断开瞬间将产生电弧，且外加电压持续保持，因而电弧被拉长，不能自主熄灭，电弧热能会使触点严重烧损。此外，直流负载的电流总是朝一个方向流动，会引起触点材料定向转移。直流电动机静止时输入阻抗很小，起动瞬间浪涌电流很大。当电动机起动后，产生内部电动势，致使触点电流减小，而且关断时，触点间会出现反电势，引起拉弧，造成触点烧蚀。

高温条件下，绝缘材料易软化、熔化；低温条件下，材料易龟裂；高、低温交替作用下，容易造成结构松动，活动部件位置发生变化，导致动作、释放失控，触点接触不良或不接触。

汽车行驶中的冲击、振动会造成继电器结构松动、损伤、断裂，从而导致起动机继电器丧失工作能力。

（2）起动机常见的损伤形式及成因

起动机的直流电动机常见的损伤形式有励磁绕组断路、短路，换向器烧蚀、磨损过大或脏污，电枢绕组断路或短路，电刷磨损过大或损坏等。

1）换向器烧蚀、磨损过大或脏污。

直流电动机在运行时，在电刷和换向器表面间常有火花产生，当火花在电刷上的范围很小时，对电动机运行不会有什么影响。但当火花在电刷上的范围较大时，则会对电动机的运行产生危害，尤其是放电性的红色电弧火花，会加速电刷与换向器的磨损，甚至使励磁绕组损坏。

引起电火花的原因主要有：换向器表面有油污、异物、胶水、毛刺；换向器槽内有毛刺或铜屑造成短路；换向器圆度偏差>0.04 mm，换向器相邻片高低差太大；转子绕组有虚焊，点焊状态不良，测片间电阻时大时小，且电阻值不稳定，电枢绕组匝间短路；电刷套与电刷配合偏松或偏紧、电刷与换向器精车面接触不良（要求换向器表面磨合痕迹比较均匀，电刷接触面积不小于1/2）等。图3-4 所示为换向器磨损。

图3-4　换向器损伤

资源3-1　起动机的结构与拆装

2）电枢绕组的损伤。

电枢绕组常见的损伤形式有绕组短路、断路、搭铁，线头脱焊，电枢甩线等，如图3-5所示。

图 3-5 电枢绕组的损伤

电枢绕组导线较粗，内部不易发生断路故障。断路损伤通常发生在绕组与换向片的焊接处，往往是由于线头脱焊或导线甩出后被刮断造成的。

电枢甩线主要是由于碳刷磨损过快，碳粉堆积造成铜线和铁芯、铜线与铜线间短路，电动机工作时产生大电流，加速了电枢温度提升，导致铜线烧化或电枢槽绝缘大部分被破坏；转子线与换向器点焊电阻大，形成虚焊现象，主电流流经虚焊处时，因为接触不良导致接触表面拉弧，短时内产生大量热量，使换向器铜排与铜线接触表面因为高温迅速氧化，同时又进一步加快和加大了换向器铜排与铜线的发热量，然后烧毁换向器内所注入的塑料及嵌入铜排的铜线，若转子仍然有相当高的转速，则形成甩线或换向器爆裂。

3）定子总成的损伤。

起动机定子总成的主要部件是磁极和励磁绕组。磁极通常用低碳钢制成极掌形状，并用埋头螺钉紧固在机壳上，是直流电动机磁路的一部分。励磁绕组由扁铜带（矩形截面）绕制而成，扁铜带之间用绝缘纸绝缘，并用白布带以半叠包扎法包好后浸上绝缘漆烘干而成。

起动机定子总成的主要损伤形式有：励磁绕组断路、匝间短路或与壳体间短路、磁极老化、固定螺钉松动等。图3-6所示为定子总成的损伤。

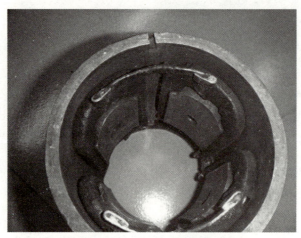

图 3-6 定子总成的损伤

磁场绕组的导线较粗，匝数少，可能出现的断路故障主要是线头脱焊、虚焊等，通过外部观察即可发现。磁场绕组匝间短路多是由其匝间绝缘不良引起的，而匝间绝缘不良通常是由于绕组外面的包扎层烧焦、脆化等原因造成的。

汽车起动机属短时工作制电动机，每次连续运转的时间必须有严格的限制。一次连续工作的极限时间通常不超过 15 s，如果一次起动发动机点火没有成功，要间歇 3~5 min，待机内发热元件降温及蓄电池恢复能量后，再进行下一次起动。如果频繁强行多次起动，容易造成起动机工作时间过长，使起动机磁场绕组温度升高，导致导线绝缘层被破坏。

起动机使用过程中由于水或潮气的浸入，使金属运转部件遭受侵蚀，生锈、发霉，从而使其损坏。

4）电刷及电刷架的损伤。

汽车起动机电刷、电刷架的主要损伤形式有：电刷破裂、电刷跳动、电刷磨损过快、电刷在电刷架内卡死、电刷弹簧断裂、电刷与连接导线断路、绝缘电刷架接地等，如图 3-7 所示。

图 3-7　电刷及电刷架的损伤

造成电刷及电刷架损伤的主要原因有：

电刷架与换向器工作面不垂直、电刷架孔变大或变形，容易引起电刷破裂；换向器凸片变形、片间云母高出、有铜刺和尖棱、电刷压力太小，容易引起电刷跳动，使电刷与换向器间的火花增大；换向器粗糙度高、毛刷尖角大、负载太小、无法形成氧化膜、工作环境太干燥或太潮湿，容易造成电刷磨损过快；电刷架孔变形、电刷尺寸太大、电刷太软、电刷卡在方孔内、刷辫线太短、弹簧卡住未压到电刷，易使电刷卡死在电刷架内；弹簧热处理不好、硬度不够、弹簧过热退火将造成弹簧断裂。

5）起动机单向离合器的损伤。

起动机单向离合器常见的损伤形式有：单向离合器弹簧损坏，单向离合器滚子、滚槽磨损严重，单向离合器套管的花键槽锈蚀、磨损严重，单向离合器驱动齿轮损坏等，如图 3-8 所示。单向离合器滚子及滚槽磨损严重将造成离合器传递扭矩时出现打滑现象，单向离合器套管的花键槽锈蚀会引起离合器不能正常伸出，影响驱动齿轮与飞轮啮合。

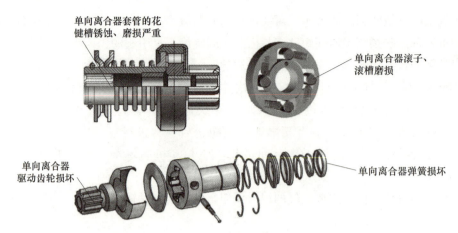

图 3-8 单向离合器的损伤

6）电磁开关的损伤。

起动机电磁开关是起动系统重要的控制元件，其主要作用是使驱动齿轮与飞轮能快速啮合和退出，并将起动机的电枢电路与蓄电池接通，使起动机电枢在磁场中旋转，进而起动发动机。

电磁开关主要的损伤形式是：电磁开关的触点及触片烧蚀，吸引线圈及保持线圈断路、短路，回位弹簧折断，可动铁芯卡住等，如图 3-9 所示。

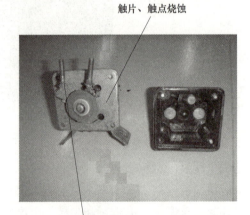

图 3-9 电磁开关及电磁开关的损伤

电磁开关触片、触点烧蚀的主要原因是局部过热，而产生局部过热的原因主要有两点：一是触片、触点接通时间过长，大电流持续流过产生大量热量；二是开关触片和触点频繁接触，产生大量的电弧。此外，电磁开关触片和触点的材料也极大地影响了其使用寿命。当触片、触点采用耐电腐蚀性、耐高温、耐磨性和耐冲击性较好的材料时，就不易发生烧蚀现象。当触片与触点因氧化或其他原因使其接触不良时，也会引起触片和触点的烧蚀。

（3）起动系统常见的故障及成因

起动系统的常见故障有：起动机不转、起动机运转无力、驱动齿轮啮合不良、起动机空转等。

汽车发动机需要起动时，将点火开关置于起动挡，起动机应能将蓄电池的电能转化成电磁力矩，带动发动机以高于最低起动转速运转，从而使发动机顺利起动。发动机起动后，起动机小齿轮自动与发动机飞轮退出啮合或滑转，防止发动机带动起动机运转。

点火开关置于起动挡，若起动机不转，其可能的原因是：蓄电池存电不足或连接导线断路、松动或接触不良；起动机电磁开关触点烧蚀；吸引线圈、保持线圈断路；起动机电枢绕组断路、短路；起动机电枢轴弯曲变形，电枢轴与铜套装配过紧，电枢铁芯与磁极擦碰；换向器烧蚀严重，电刷磨损过大，电刷在电刷架内卡死或电刷弹簧老化失弹；变速杆未处于 P 挡或 N 挡，变速杆位置开关损坏；起动机继电器触点烧蚀，电磁线圈断路等。

若起动机运转无力时，其可能的原因是：蓄电池存电不足或连接导线松动、接触不良；起动机电磁开关主触点烧蚀、接触不良，或电刷与换向器接触不良；起动机电枢绕组局部短路或搭铁；起动机电枢轴与铜套装配过紧或松旷；起动机继电器触点烧蚀、氧化；继电器线圈断路或控制电路断路等。

若驱动齿轮不能与飞轮齿圈啮合带动曲轴旋转，起动机空转，其可能的原因是：起动机单向离合器打滑或损坏、起动机驱动齿轮拨叉严重变形或折断、啮合弹簧老化失弹或折断、起动机主触点接通时机过早、起动机固定螺栓松动等。

发动机起动后，起动机发出尖叫声，起动机被发动机反拖高速旋转不停或者发动机起动后经过很长时间起动机才能停转，其可能的原因是：起动机单向离合器卡死；起动机活动铁芯回位弹簧老化失弹或折断；起动机安装位置失准，齿侧间隙过小，啮合后难以分开；电磁开关主触点烧结，不能分开。

二、任务实施

资源 3-2　起动机的就车检测保养与更换

资源 3-3　起动机的检测保养与更换

项目 1　起动机维护

1. 项目说明

起动机是汽车发动机正常起动的核心部件，其工作性能的好坏直接关系到发动机能否顺利起动。若起动机不能正常运转，发动机起动时转速就达不到要求，气缸内混合气的压力和温度较低，火花塞跳出的火花不能点燃混合气，则发动机不能起动。

起动机使用过程中，因换向器与电刷间的电火花引起换向器的烧蚀、电刷的磨损以及电刷弹簧弹力的减弱，致使换向器与电刷间的接触电阻增大，减小了通电电流，从而导致起动机输出转矩减小；电枢轴支承点的润滑不好，将引起电枢轴转动阻力增大，也使得起动机输出转矩减小。因此，起动机应定期进行维护。起动机的维护主要包括：起动机的不解体检测，起动机的解体清洁、润滑及部件检测，起动机的性能试验等。

2. 技术标准与要求

1) 学员能在 30 min 内完成此项目。

2) 技术标准。完成起动机维护并填表 3-1。

表 3-1 起动机维护

项目		标准	检查结果
不解体检测	牵引测试	驱动齿轮正常伸出	
	保持测试	驱动齿轮保持在伸出状态	
	驱动齿轮间隙测量	2~4 mm	
	驱动齿轮回位测试	回位迅速	
	无负荷测试	起动电流<50 A	
解体检测	换向器的径向跳动量	<0.02 mm	
	电枢绕组搭铁	∞	
	电枢绕组断路	0	
	定子绕组断路	0	
	定子绕组短路	∞	
	电刷的长度	不低于标准的 2/3	

3. 设备器材

能正常运转的爱丽舍轿车、万用表、起动机、电器万能试验台、百分表及 V 形铁等。

4. 作业准备

1) 停车，打开发动机盖。　　　　　　　　　□任务完成

2) 铺上护套。　　　　　　　　　　　　　　□任务完成

3) 检查车辆是否平稳。　　　　　　　　　　□任务完成

5. 操作步骤

（1）起动机维护要点

1) 经常检查起动电路各导线连接及绝缘是否良好。

2) 起动机机体和各部件应经常保持清洁干燥。汽车每行驶 3 000 km 后应检查并清洁换向器。

3) 汽车每行驶 5 000~6 000 km 后，应检查电刷的磨损程度及电刷的弹簧弹力。

4) 经常检查传动机构和控制装置的活动部件，并按规定进行润滑。

5) 起动机每年应进行一次维护性检修，可视实际情况适当地缩短或延长。

（2）起动机的不解体检测

起动机的不解体检测项目有：牵引测试、保持测试、驱动齿轮间隙测量、驱动齿轮回位测试、无负荷测试等。

1) 牵引测试。

将接线柱端子 C 上的励磁线圈引线断开，蓄电池的负极引线连接到起动机的壳体上，并与起动机的端子 C 连接，蓄电池正极引线连接到起动机的端子 50 上，此时驱动齿轮应能伸出，如果驱动齿轮没有伸出，表明功能不正常。图 3-10 所示为电磁开关吸引线圈性能试验。

图 3-10　电磁开关吸引线圈性能试验

2）保持测试。

牵引测试之后，当小齿轮伸出时，从端子 C 上断开测试引线，检查驱动齿轮是否保持在伸出状态，如果没有伸出，表明保持线圈损坏或接地不正确。图 3-11 所示为电磁开关保持线圈性能试验。

图 3-11　电磁开关保持线圈性能试验

3）驱动齿轮间隙测量。

在保持测试状态下，测量小齿轮和止动环之间的间隙。测量时先把驱动齿轮推向电枢方向，消除间隙后测量驱动齿轮端和止动套圈间的间隙，并和标准值进行比较。图 3-12 所示为驱动齿轮间隙测量。

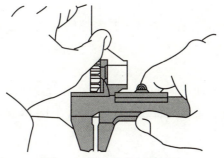

图 3-12　驱动齿轮间隙测量

4)驱动齿轮回位测试。

保持测试后,从起动机壳体上断开蓄电池的负极电缆,驱动齿轮能迅速返回原始位置即为正常。图 3-13 所示为驱动齿轮复位试验。

图 3-13　驱动齿轮复位试验

5)无负荷测试。

用台钳固定住夹在铝板之间的起动机,将电流表连接在蓄电池正极和起动机端子 30 之间,再将其连接到起动机的端子 30 和端子 50 上,蓄电池的负极端子与起动机的壳体相连接后起动机转动。起动机应平稳运转,同时驱动齿轮应移出。读取安培表的数值,应符合标准值(一般低于 50 A)。断开端子 50 后,起动机应立即停止转动,同时驱动齿轮缩回。图 3-14 所示为起动机的无负荷测试。

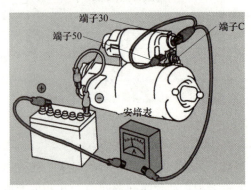

图 3-14　起动机的无负荷测试

(3)起动机解体后的检测

起动机解体后,应直观和借助于器材对各零部件(或小总成)进行全面的检验。其主要检测内容如下:

1)换向器检测。

直观检测换向器工作表面,若有轻微烧蚀、拉毛或脏污现象,可用 00 号砂纸打磨(不得用金刚砂修磨),若烧蚀严重应用车床车削修整。图 3-15 所示为换向器检查。

图 3-15 换向器检测

资源 3-4 起动机的分解与检测

用百分表检测换向器的径向跳动量。换向器的径向跳动量不应超过 0.03 mm，新的标准为 0.02 mm。图 3-16 所示为换向器径向跳动量检测。

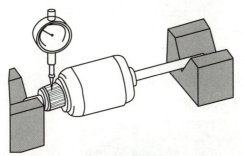

图 3-16 换向器径向跳动量检测

资源 3-5 起动机的检修作业

换向器在转动时与电刷接触，如果换向器磨损超过允许范围，则与电刷的接触性能变差，会造成起动机运转无力。如图 3-17 所示，用游标卡尺检测换向器的直径，并与标准值进行比较，若测得的直径小于最小值应更换电枢。

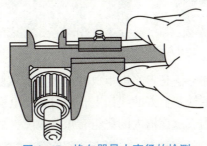

图 3-17 换向器最小直径的检测

若换向器的绝缘片深度过小，换向器转动时会引起电刷跳动而与换向器接触不良，起动机运转无力。绝缘片的深度为 0.5~0.8 mm，如图 3-18 所示。

图 3-18 换向器绝缘片的检测

2)电枢绕组的检测。

电枢绕组的常见故障有绕组短路、断路、搭铁和线头脱焊。线头脱焊比较直观,通过观察即可发现,如图 3-19 所示。

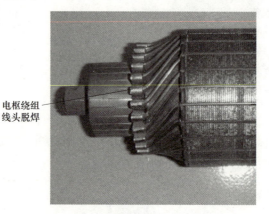

图 3-19　电枢绕组线头脱焊检测

如图 3-20 所示,检测电枢绕组的搭铁故障时,可用万用表电阻挡分别测量电枢各换向片与电枢轴之间的电阻值。若万用表的读数接近于零,说明电枢绕组有搭铁故障。

图 3-20　电枢绕组搭铁故障检测

电枢绕组短路故障的检测方法是:将电枢放在电器万能试验台电枢检验仪的 V 形槽上。接通开关并把薄钢片放在电枢铁芯上方的线槽上,同时转动电枢,在每个槽上依次试验。若薄钢片在某槽上发生跳动,则表示该槽内的绕组有短路故障,如图 3-21 所示。

图 3-21　电枢绕组短路故障检测

在进行电枢绕组短路故障检测时，应注意下面两种现象：

①若一处两换向片间短路，则会引起 4 个槽内的绕组出现短路故障，把薄钢片放在被短路的 4 个绕组的线槽上都会跳动。

②电枢绕组的上层导线与下层导线之间有一处短路时，则薄钢片放在所有槽上都会有不同程度的跳动。根据实践经验，短路绕组一般出现在跳动较轻的 4 个槽内。

检测电枢绕组是否有断路故障时，首先目测电枢绕组的导线是否甩出或脱焊。再用万用表两触针依次与两相邻换向器铜片接触，所测电阻值应一致。如果读数为无穷大，则说明断路。图 3-22 所示为电枢绕组断路的检测。

图 3-22　电枢绕组断路的检测

将电枢轴放在偏摆仪上，用百分表检测电枢轴的圆跳动量，若铁芯表面摆差超过 0.15 mm 或中间轴颈摆差大于 0.05 mm，说明电枢轴弯曲严重，均应进行更换。图 3-23 所示为电枢轴圆跳动量检测。

此外，若电枢轴上的花键齿槽有严重磨损或损坏，则应进行修复或更换。

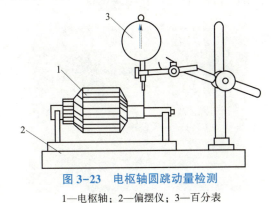

图 3-23　电枢轴圆跳动量检测

1—电枢轴；2—偏摆仪；3—百分表

3）定子总成的检测。

检查励磁绕组外部是否有烧焦或断路处，如图 3-24 所示。

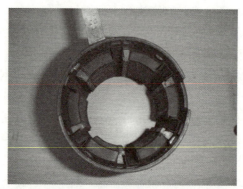

图 3-24 检查励磁绕组外部

若外部检查未发现问题,可用万用表电阻挡小量程检查绕组是否断路,如图 3-25 所示。两表笔分别接触起动机外壳引线(输入接线柱)与绕组绝缘电刷接头,若测得的电阻值为无穷大,说明绕组断路,应予以检查或更换。

图 3-25 励磁绕组断路检查

用万用表大量程挡检查绕组的正极与壳体之间的电阻,如图 3-26 所示。电阻值应为无穷大,否则,说明绕组与壳体短路,应予以检查或更换。

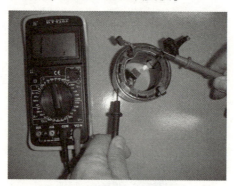

图 3-26 励磁绕组短路检查

4)电刷及电刷架检测。

电刷被弹簧压在换向器上,如果电刷磨损过大,则弹簧的弹力下降,电刷与换向器的接触性能变差,将导致起动机运转无力甚至无法起动。电刷的高度一般不应低于标准的 2/3,电刷的接触面积不应少于 75%,并且要求电刷在电刷架内无卡滞现象。图 3-27 所示为电刷的检查。

检测电刷的长度时,应将电刷清洁并用游标卡尺测量电刷的中部。

图 3-27 电刷的检查

起动机的电刷架有 4 个,其中两个为绝缘电刷架,与端盖绝缘。另两个为搭铁电刷架,与端盖连通,流过电枢绕组的电流经两个电刷架搭铁。用万用表电阻"Ω"挡检查电刷架的绝缘情况时,其中一表笔分别接触两正、负电刷架,另一表笔接触端盖。正常情况下,绝缘电刷架的电阻值应呈现∞(无穷大),否则应进行绝缘处理或更换电刷架总成。搭铁电刷架的电阻值应为 0。

5) 单向离合器的检测。

如图 3-28 所示,将单向离合器总成装到电枢轴上,用手握住电枢轴,当转动单向离合器外座圈时,离合器总成能沿电枢轴自如滑动。

图 3-28 单向离合器的检查

如图 3-29 所示,检查驱动齿轮、花键及飞轮齿圈有无磨损或损坏,在确保驱动齿轮无损坏的情况下,握住单向离合器总成外座圈,转动驱动齿轮,能自如转动,反转时应锁住;否则应更换单向离合器。

图 3-29 单向离合器的其他检查

6)电磁开关的检查。

电磁开关的常见故障是吸引线圈和保持线圈断路、短路和搭铁,接触盘及触点表面烧蚀等。

如图3-30所示,用拇指按住电磁开关的活动铁芯,松开手指后,铁芯应能顺畅地返回原位。

资源3-6 起动机电磁离合器检测

图3-30 活动铁芯的检查

如图3-31所示,用万用表测量电磁开关端子50和端子C之间的导通情况,若两端子导通正常,则电磁开关的吸引线圈正常。

图3-31 吸引线圈的导通检查

如图3-32所示,用万用表测量电磁开关端子50和开关壳体之间的导通情况,若端子50与壳体之间导通正常,则电磁开关的保持线圈正常。

图3-32 保持线圈的导通检查

(4)起动机的性能试验

起动机装复后，必须进行空载试验和全制动试验，以此来检测起动机性能是否良好。

1）空载试验。

空载试验就是检测起动机空转时所消耗的电流、电压和转速，以判断起动机内部电路和机械故障。试验方法如下：

将待试验起动机夹紧在电器万能试验台的专用夹具上，其位置应使接线柱便于接线，如图 3-33 所示。

图 3-33　起动机夹紧在试验台专用工具上

将附件 F1 一端插入 54 插孔，另一端与起动机主接线柱相连接；附件 F2 插入 53 和 51 插孔（12 V）。图 3-34 所示为起动机在试验台上的线路连接。

图 3-34　起动机在试验台上的线路连接

按下按钮 56，接通起动机电路，起动机空载运转（每次试验不应超过 1 min）。起动机运转应均匀，换向器无火花且内部无机械碰擦声。读出试验台上电流表 15 和电压表 14 的空载电流和电压值，同时用转速表测量空载转速。图 3-35 所示为起动机的空载试验。

图 3-35 起动机的空载试验

试验过程中，若测得的电流超过标准值而转速低于标准值，机械方面的故障可能是电枢轴与轴承的装配间隙过小、电枢与磁极碰擦、各轴承同轴度误差过大或电枢轴弯曲等；电路方面故障可能是电枢绕组和励磁绕组有局部短路或搭铁故障等。若测得的电流和转速均低于标准值（蓄电池电压正常），其故障原因主要是：外电路导线接触不良；电刷与换向器接触不良（烧蚀、油污、磨损不均、长度不足、弹簧压力不足等）；起动机内部导线接触不良；电磁开关触点接触不良等。若测得的电流与转速都低于标准值的同时，电压表的读数也低于标准值，则主要是蓄电池亏电或电源线接触不良造成的。

2）全制动试验。

全制动试验是检测起动机全制动时，产生的扭矩与消耗的电流和电压。其目的是进一步检测起动机内部电路的基本技术状况，还可以检验单向离合器是否打滑。其检测方法如下：

操作步骤1：用制动连杆上的夹头夹紧驱动齿轮上的3个轮齿。图 3-36 所示为起动机的全制动试验。

图 3-36 起动机的全制动试验

操作步骤2：连接试验线路。

操作步骤3：按下试验台上的按钮56（每次不超过5 s），分别从电压表14和电流表15上读出电压值和电流值，同时从弹簧秤上读出转矩值。将测得的电压、电流和转矩与标准值进行比较，通过分析即可判断出起动机是否有故障。

若测得的电流、电压低，转矩小，证明电枢绕组或励磁绕组有局部短路或搭铁故障；若测得的电流和转矩均小，而电压比标准值高，则其故障是外电路接触不良、电刷与换向器接触不良或电磁开关触点接触不良等；若测得的电流和转矩均小，电压也较低，则说明电源线接触不良或蓄电池亏电。如果在全制动试验过程中，起动机电枢仍能转动，则证明单向离合器打滑，失去了传递扭矩的能力。

项目2　起动系统控制电路的部件检测

1. 项目说明

起动系统控制电路是起动系统的重要组成部分，当电路系统中的导线、插接器、熔断器、继电器等部件出现断路、接触不良、搭铁等故障后，常常会导致起动系统出现起动机不转、起动机运转无力等故障。

2. 技术标准与要求

1）学员能在 20 min 内完成此项目。
2）技术标准。完成起动机维护并填表3-2。

资源3-7　汽车起动系统继电器检查

表3-2　起动机维护

项目		标准	检查结果
起动机继电器检测	电磁线圈电阻	10~15 Ω	
	触点电阻	0	
	触点闭合电压	6.7~7.6 V	
	触点张开电压	3.0~3.5 V	
点火开关检测	起动机继电器触点电阻	0	

3. 设备器材

能正常运转的爱丽舍轿车、万用表、起动机继电器、点火开关等。

4. 作业准备

1）停车，打开发动机盖。　　　　　　　　　　　　□任务完成
2）铺上护套。　　　　　　　　　　　　　　　　　□任务完成
3）检查车辆是否平稳。　　　　　　　　　　　　　□任务完成

5. 操作步骤

（1）起动机继电器检测

起动机继电器线圈若有短路、断路故障，将引起继电器触点不能闭合，控制电路不能正

常工作。检测起动机继电器的方法是：

将万用表调至电阻挡，红、黑表笔分别接继电器线圈接线柱，测量起动机继电器的线圈电阻，如图 3-37 所示。起动机继电器线圈的电阻值应为 10~15 Ω。如果电阻过大或过小，表明线圈不正常，应予以修理或更换。

图 3-37　测量起动机继电器的线圈电阻

将万用表调至电阻挡，红、黑表笔分别接继电器触点间的接线柱，检测起动机继电器触点未闭时的电阻，如图 3-38 所示。此时起动机继电器触点间的电阻值应为∞。在起动机继电器的线圈两端接入 12 V 电源，继电器的触点应闭合，此时继电器触点间的电阻值应为 0，如图 3-39 所示。若触点间的电阻值过大，则应检查断电触点是否有脏污、烧蚀。若有此情况，可用砂纸打磨光洁或更换继电器。

图 3-38　检测起动机继电器触点未闭时的电阻

图 3-39　检测起动机继电器触点闭合后的电阻

在继电器线圈的接线柱上接入可调电源，触点两接线柱间接入万用表的红、黑表笔，将万用表调至电阻挡。逐渐调高电压，当万用表指示电阻值为 0 时，可调电源的指示值即为继电器的闭合电压。然后逐渐调低电压，当万用表指示电阻值为∞时，可调电源的指示值即为继电器的张开电压。

（2）点火开关的检测

点火开关的起动挡触点即为起动机控制开关，检测触点是否导通。可拔下点火开关的插头，借助电路图找到起动机电磁开关供电控制接头及常供电接头，将万用表调整为最小电阻测量状态，红、黑表笔分别连接点火开关上的电磁开关控制接头及供电接头。将点火开关转到起动状态，测量两个触点之间的电阻，电阻过大或无穷大说明点火开关有故障。

项目 3　起动机不转故障诊断

1. 项目说明

起动系统各部件在使用过程中可能会由于起动机继电器触点烧蚀、电磁线圈断路、接线柱脱焊等导致起动控制电路不能正常工作；也可能会由于起动机电磁开关主触点烧蚀、吸引线圈断路等导致起动机不能通电运转；也可能会由于起动机电刷与换向器磨损、烧蚀导致起动机不能运转。

将点火开关接通至起动挡，若起动机不能正常运转，则应进行检查。

2. 技术标准与要求

1）学员能在 30 min 内完成此项目。

2）技术标准。完成起动机不转故障诊断并填表 3-3。

表 3-3　起动机不转故障诊断

项目	标准	检测值
起动电路的电压降	≤0.4 V	
继电器 5VVE 插接器"1"和"3"脚对地电压	12 V	
吸引线圈、保持线圈电阻	3~5 Ω	
起动机电枢绕组电阻	0	
起动机定子绕组电阻	0	

3. 设备器材

能正常运转的爱丽舍轿车、万用表、试灯、常用工具。

4. 作业准备

1）检查电源。　　　　　　　　　　　　　　□任务完成

2）准备万用表、常用工具。　　　　　　　　□任务完成

3）准备作业记录表。　　　　　　　　　　　□任务完成

5. 操作步骤

将点火开关转至起动位置，仔细听起动机电磁开关和起动机继电器是否有闭合声。若能听到电磁开关和起动机继电器的闭合声，且起动机还能转动稍许，再按下喇叭或开大灯试验，若喇叭响声较弱或大灯灯光暗淡，首先怀疑起动机的供电电路或蓄电池可能有故障。可着手检查蓄电池的技术状况和供电电路是否断路、松动或连接不良。

1）检查蓄电池的正、负极接线柱是否松动、锈蚀或氧化，如图 3-40 所示。

图 3-40　检查蓄电池正、负极接线柱

2）关闭点火开关，将起动电压降测试仪的黑色夹钳连接到蓄电池负极，红色夹钳连接到蓄电池正极，如图 3-41 所示。

图 3-41　起动电压降测试仪的连接

一人起动车辆，另一人观察测试仪，读取起动状态的最低电压降。若电压降低于 9 V，说明起动状态电压降过大，需要对蓄电池充电。

3）检查起动电路的电压降。

将万用表调整为直流电压 20 V 测量状态，红表笔连接蓄电池正极导线接线头，黑表笔连接到电磁开关接头，如图 3-42 所示。

图 3-42　起动电路电压降测试

起动发动机，电压表的读数应该小于 0.2 V。如果电压表读数为 0，则被测电路电阻值为 0，电路情况良好；若大于 0.2 V，则电路电阻过大，需要维修。

4）若听不到电磁开关的闭合声，则用跨接线短接起动机"30"接线柱与"50"接线柱，若起动机运转，表明起动机工作正常，应检查起动机的控制电路。

借助电路图在车上找到起动机继电器，拆下起动机继电器，检查起动机继电器的性能，如图3-43所示。

图3-43 起动机继电器性能测试

将点火开关接通至起动挡，检查继电器5VVE插接器"1"和"3"脚对地电压。若电压为零，则进一步检查点火开关起动挡是否导通；起动连接线路是否导通；变速杆位置开关是否导通。图3-44所示为起动机继电器控制电路测试。

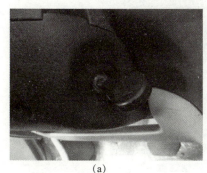 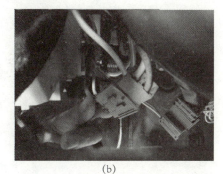

(a)　　　　　　　　　　(b)

图3-44 起动机继电器控制电路测试

5）跨接线短接起动机"30"接线柱与"50"接线柱时，若起动机不运转，表明起动机不能正常工作，应检查起动机。

拆下起动机，检测起动机各部件工作是否正常。

①检查起动机电磁开关的吸引线圈和保持线圈是否断路；电磁开关触点接触是否良好。图3-45所示为起动机电磁开关检查。

图3-45 起动机电磁开关检查

②检查起动机的换向器是否烧蚀、脏污；电刷是否断裂、磨损过大；电刷与换向器接触面积是否过小。如图3-46所示。

图3-46　起动机换向器、电刷检查

③检查起动机电枢绕组是否断路、短路，如图3-47所示；检查轴承是否损坏。

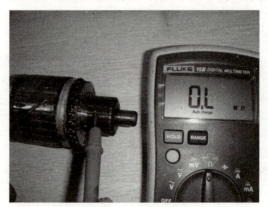

图3-47　检查起动机电枢绕组

④检查起动机定子绕组是否破裂、磁铁是否损坏，如图3-48所示。

图3-48　检查起动机定子绕组

学习任务 4
汽车照明与信号装置故障检修

 工作情境描述

小王刚从高职汽车专业毕业,来到雪铁龙汽车销售服务公司售后服务部门工作。一天,车主王先生将已经行驶 6 万公里的雪铁龙爱丽舍轿车开进服务站,进行例行保养,师傅让小王对全车的灯光系统进行检修,看小王能否胜任。

 学习目标

通过本任务学习,应能:
1. 进行车辆照明与信号装置的检测。
2. 借助维修手册,进行照明与信号装置故障的诊断及排除。
3. 会使用照明与信号装置检验测量工具。

 学习时间 8 学时

 学习引导

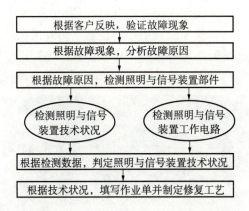

一、知识准备

(一)雪铁龙新爱丽舍轿车照明与信号装置工作过程

为保证汽车行驶的安全性,减少交通事故的发生,爱丽舍轿车装有多种照明设备和灯光信号

装置。其中照明装置分为室外照明和室内照明,室外照明装置主要有前照灯、雾灯、牌照灯、倒车灯等;信号装置主要有制动灯、转向信号灯、危险警告灯、示宽灯与尾灯以及喇叭等。

1)前照灯:俗称大灯,装在汽车头部的两侧,分近光灯和远光灯两种,用于夜间或光线昏暗路面上汽车行驶时的照明。

2)雾灯:安装在车头和车尾,装在车头的雾灯比前照灯稍低,用于雨雾天气行车的道路照明,称为前雾灯;车尾的雾灯称为后雾灯,主要用于雾天高速行驶的汽车向后方车辆或行人提供本车的位置信息。

3)牌照灯:装在汽车尾部牌照的上方,用于夜间照亮尾部车牌,当尾灯点亮时,牌照灯也点亮。

4)倒车灯:安装在车辆尾部,给司机提供额外照明,使其能在夜间倒车时看清车的后面,同时也警告后面车辆。

5)仪表灯:安装在汽车仪表盘上,用于夜间照亮仪表盘,以便于驾驶员能迅速获取行车信息并进行正确操作。尾灯点亮时,仪表灯也同时点亮。

6)顶灯:用于车内照明。有的车辆顶灯兼作门灯用,当车门关闭不严时灯亮,提醒驾驶员注意。

7)转向信号灯:安装在车辆两端以及前翼子板上,汽车转弯时发出明暗交替的闪光信号,向前后左右车辆表明司机正在转弯或改换车道。转向信号灯每分钟闪烁60~120次。

8)危险警告灯:车辆紧急停车或驻车时,危险警告灯给前后左右车辆显示车辆位置。转向信号灯同时闪烁时,即作危险警告灯用。

9)示宽灯与尾灯:用于夜间为其他车辆指示车辆位置与宽度。位于前方的称为示宽灯,位于后方的称为尾灯。

10)刹车灯:安装在车辆尾部,通知后面车辆该车正在刹车,以避免后面车辆与其后部碰撞。

图4-1所示为雪铁龙新爱丽舍轿车灯光组合开关挡位,1位置为关闭位置,在此基础上旋至2位置,为开启小灯,继续旋至3位置为开启挡位;4位置为雾灯关闭位置,当在小灯挡或大灯挡时,将雾灯开关旋钮从4位置旋至5位置,为开启前雾灯,继续旋至6位置,为开启后雾灯;将整个灯光开关臂拉向身体侧,即7位置,为开启左转向灯,将开关推向8位置,为开启右转向灯;将左端部喇叭按钮向右侧推至9位置,为开启喇叭。

图4-1 雪铁龙新爱丽舍轿车灯光组合开关挡位

1. 前照灯工作过程

雪铁龙新爱丽舍轿车前照灯控制电路,如图4-2所示。其工作过程如下:

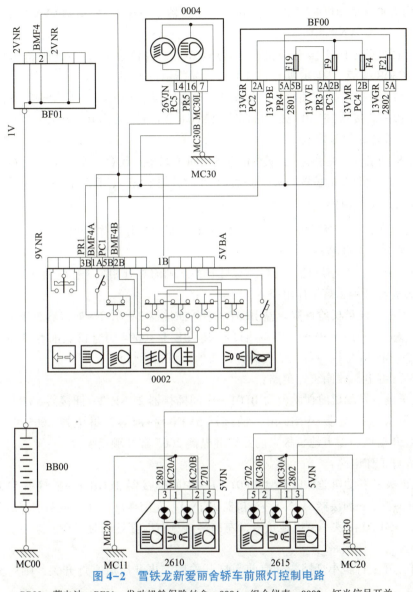

图 4-2 雪铁龙新爱丽舍轿车前照灯控制电路

BB00—蓄电池；BF01—发动机舱保险丝盒；0004—组合仪表；0002—灯光信号开关；
BF00—座舱保险丝盒；2610—左前照灯；2615—右前照灯；MC20，MC11，MC00，MC30—车身接地点；
ME20，ME30—电子接地；2801—左远光控制导线；2802—右远光控制导线；2701—左近光控制导线；
2702—右近光控制导线；5VJN—黄色5孔插接器；5VBA—白色5孔插接器；F19，F9，F4，F21—保险丝

蓄电池 BB00→发动机舱保险丝盒 BF01→插接器 2VNR-2→插接器 5VBA-1B→灯光信号开关 0002→插接器 9VNR-5B。

其中一路由线束 PC5 接至插接器 26VJN-14→组合仪表 0004→近光指示灯→插接器 26VJN-7→MC30B 线束→MC30 接地，前照灯近光指示灯点亮。

另一路由线束 PC1 接至插接器 13VRG-2A→座舱保险丝盒 BF00→保险丝 F9、F4→插接器 13VVE-2B、插接器 13VMR-2B→线束 PC3、PC4→导线 2701、2702→插接器 5VJN-5→左、右前照灯近光灯丝→接地。

1）下压组合开关手柄，开关内前照灯远光触点闭合，前照灯远光点亮。其工作电路如下：

蓄电池 BB00→发动机舱保险丝盒 BF01→插接器 2VNR-2→插接器 9VNR-2B→灯光信号开关 0002→插接器 9VNR-3B。

其中一路由线束 PR5 接至插接器 26VJN-16→组合仪表 0004→远光指示灯→插接器 26VJN-7→MC30B 线束→MC30 接地，前照灯远光指示灯点亮。

另一路由线束 PR1 接至插接器 13VBE-5A 和插接器 13VVE-2A→座舱保险丝盒 BF00→保险丝 F21、F19→插接器 13VBE-5B 和插接器 13VGR-2A→导线 2801、2802→插接器 5VJN-3→左、右前照灯远光灯丝→接地。

2) 向上扳动组合开关手柄，开关内的前照灯远光灯触点闭合，前照灯远光灯点亮，不同的是松手后开关自动弹回，此位置用来作为夜间行车时的超车信号。其工作电路如前照灯远光。

2. 前后雾灯工作电路

雪铁龙新爱丽舍轿车雾灯控制电路，如图 4-3 所示。其工作过程如下：

（1）前雾灯工作电路

0002 灯光开关打至小灯挡并开启前雾灯开关，则前雾灯相关工作电路如下：

1) 仪表前雾灯指示灯工作电路：

蓄电池正极→发动机舱保险丝盒 BF01→中间插接器 2VNR-2→插接器 5VBA-2B→小灯开关→前雾灯开关→插接器 9VNR-4B→插接器 26VBE-3→0004 组合仪表前雾灯指示灯→插接器 26VBE-22→MC30 搭铁→蓄电池负极，仪表前雾灯指示灯点亮。

2) 前雾灯继电器线圈工作电路：

蓄电池正极→发动机舱保险丝盒 BF01→中间插接器 2VNR-2→插接器 5VBA-2B→小灯开关→前雾灯开关→插接器 9VNR-4B→插接器 5VJN-1→前雾灯继电器 2665 线圈→插接器 5VJN-2→MC20 搭铁→蓄电池负极，前照灯继电器 2665 常开触点吸合。

3) 前雾灯工作电路：

蓄电池正极→发动机舱保险丝盒 BF01-F1→中间插接器 2VGR-1→插接器 5VJN-3→前雾灯继电器 2665 触点→插接器 5VJN-5→插接器 2VJN-1→左前雾灯 2670（或右前雾灯 2675）→插接器 2VJN-2→MC20 搭铁→蓄电池负极，左前雾灯、右前雾灯同时点亮。

（2）后雾灯工作电路

0002 灯光开关打至小灯挡，开启前雾灯开关后，再开启后雾灯开关，则后雾灯相关工作电路如下：

1) 后雾灯工作电路：

蓄电池正极→发动机舱保险丝盒 BF01→中间插接器 2VNR-2→插接器 5VBA-2B→小灯开关→后雾灯开关→插接器 9VNR-1B→插接器 13VVE-1B→座舱保险丝 BF00-F18→插接器 13VBE-3B→插接器 6VNR-1→左后组合灯 2630 的雾灯→插接器 6VNR-3→MC60 搭铁→蓄电池负极，左后雾灯点亮。

2) 仪表后雾灯指示灯工作电路：

蓄电池正极→发动机舱保险丝盒 BF01→中间插接器 2VNR-2→插接器 5VBA-2B→小灯开关→后雾灯开关→插接器 9VNR-1B→插接器 13VVE-1B→座舱保险丝盒 BF00-F18→插接器 13VBE-3B→插接器 26VBE-2→0004 组合仪表后雾灯指示灯→插接器 26VBE-22→MC30 搭铁→蓄电池负极，仪表后雾灯工作指示灯点亮。

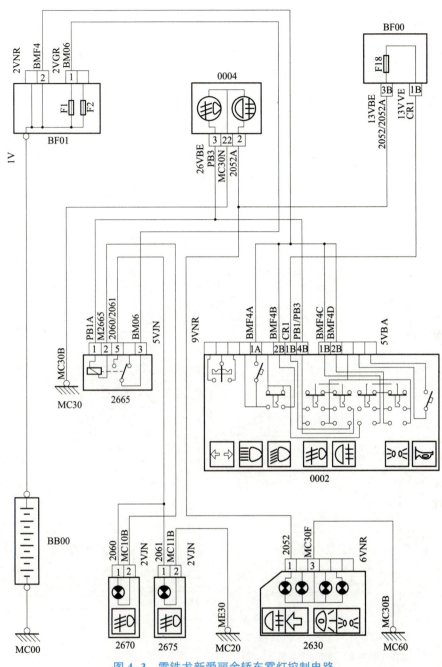

图4-3 雪铁龙新爱丽舍轿车雾灯控制电路

BB00—蓄电池；BF01—发动机舱保险丝盒；0004—组合仪表；0002—灯光信号开关；
BF00—座舱保险丝盒；2665—前雾灯继电器；2670—左前雾灯；2675—右前雾灯；
2630—左后组合灯；MC20、MC30、MC60、MC00—车身接地点；F1、F2、F18—保险丝

3. 位置灯工作电路

图4-4所示为雪铁龙新爱丽舍轿车位置灯工作电路。当将灯光组合开关0002旋至小灯挡位置时，位置灯的相关工作电路如下：

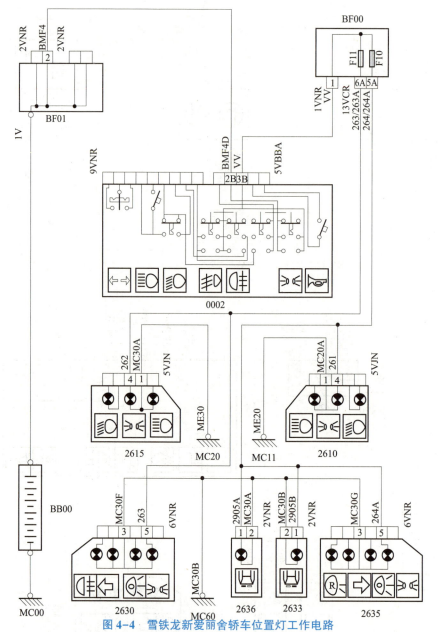

图4-4 雪铁龙新爱丽舍轿车位置灯工作电路

BB00—蓄电池；BF01—发动机舱保险丝盒；0004—组合仪表；0002—灯光信号开关；
BF00—座舱保险丝盒；2615—左前组合位置灯；2610—右前组合位置灯；2630—左后组合位置灯；
2635—右后组合位置灯；2633—左后牌照位置灯；2636—右后牌照灯；
MC20，MC11，MC60，MC00—车身接地点；F10，F11—保险丝

（1）左后、左前组合位置灯工作电路

蓄电池正极→发动机舱保险丝盒BF01→中间插接器2VNR-2→插接器5VBA-2B→0002灯光信号开关→插接器5VBA-3B→插接器1VNR-1→座舱保险丝盒BF00-F11→插接器13VCR-6A，分两路，一路经插接器6VNR-5→左后组合位置灯2630→插接器6VNR-3→MC60搭铁→蓄电池负极，左后组合位置灯点亮；另一路经插接器5VJN-4→左前组合位置灯2615→插接器5VJN-1→MC20搭铁，左前组合位置灯点亮。

（2）右后、右前组合位置灯及牌照灯工作电路

蓄电池正极→发动机舱保险丝盒 BF01→中间插接器 2VNR-2→插接器 5VBA-2B→0002 灯光组合开关→插接器 5VBA-3B→插接器 1VNR-1→座舱保险丝盒 BF00-F10→插接器 13VCR-5A，分 3 路：一路经插接器 6VNR-5→右后组合位置灯 2635→插接器 6VNR-3→MC60 搭铁→蓄电池负极，右后组合位置灯点亮；第二路经插接器 5VJN-4→右前组合位置灯 2610→插接器 5VJN-1→MC11 搭铁→蓄电池负极，右前组合位置灯点亮；第三路经插接器 2VNR-1→左牌照灯 2633（或右牌照灯 2636）→插接器 2VNR-2→MC60 搭铁→蓄电池负极，右前组合位置灯及右后组合位置灯、牌照灯点亮。

4. 制动灯工作电路

图 4-5 所示为雪铁龙新爱丽舍轿车制动灯工作电路，当制动灯开关 2100 闭合时，后制动灯及第三制动灯点亮，其工作电路为：

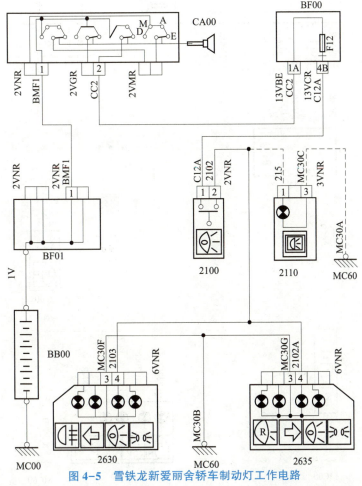

图 4-5 雪铁龙新爱丽舍轿车制动灯工作电路

BB00—蓄电池；BF01—发动机舱保险丝盒；CA00—点火开关；BF00—座舱保险丝盒；
2100—制动灯开关；2110—第三制动灯；2630—左后组合灯；2635—右后组合灯；
MC60，MC00—车身接地点；F12—保险丝

蓄电池正极→发动机舱保险丝盒 BF01→中间插接器 2VNR-1→点火开关 CA00→插接器 2VGR-2→插接器 13VBE-1A→座舱保险丝盒 BF00-F12→插接器 13VCR-4B→插接器 2VNR-1→制

动灯开关→插接器2VNR-2，分两路：一路到插接器3VNR-1→第三制动灯2110→插接器3VNR-3→MC60搭铁→蓄电池负极，第三制动灯点亮；另一路到插接器6VNR-4→左后（或右后）组合灯的倒车灯2630→插接器6VNR-3→MC60搭铁→蓄电池负极，后部制动灯点亮。

5. 倒车灯工作电路

图4-6所示为雪铁龙新爱丽舍轿车倒车灯工作电路，当倒车灯开关2200闭合时，倒车蜂鸣器响，倒车灯点亮，工作电路为：蓄电池正极→发动机舱保险丝盒BF01→中间插接器2VNR-1→点火开关CA00→插接器13VBE→座舱保险丝盒BF00-F12→插接器2VBA→倒车灯开关，分两路：一路经倒车蜂鸣器后搭铁，返回蓄电池负极，蜂鸣器响；另一路经插接器6VNR-1→倒车灯→插接器6VNR-3→搭铁MC60→蓄电池负极，后部倒车灯点亮。

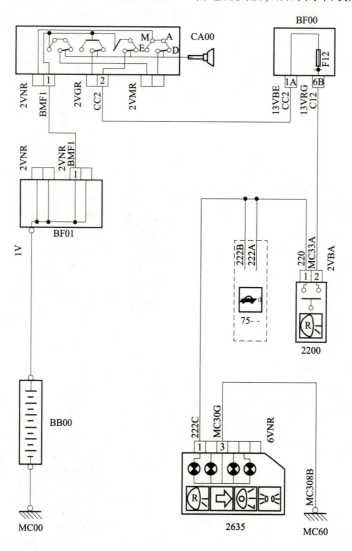

图4-6 雪铁龙新爱丽舍轿车倒车灯工作电路

BB00—蓄电池；BF01—发动机舱保险丝盒；CA00—点火开关；BF00—座舱保险丝盒；
2200—倒车灯开关；75—倒车蜂鸣器；2635—右后组合灯；MC60，MC00—车身接地点；F12—保险丝

6. 内部照明灯工作电路

图4-7所示为雪铁龙新爱丽舍轿车内部照明灯电路，下面分别叙述其工作过程。

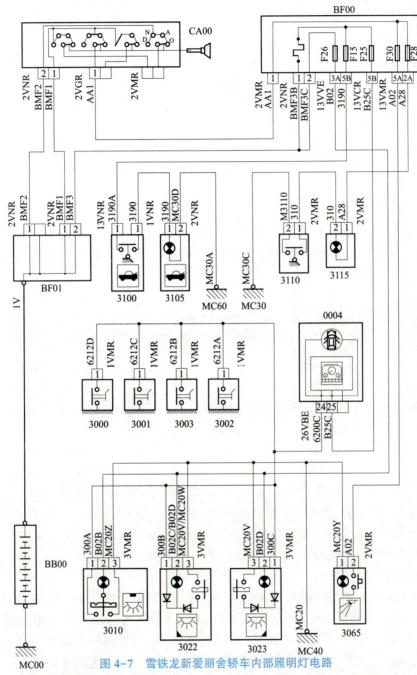

图4-7 雪铁龙新爱丽舍轿车内部照明灯电路

BB00—蓄电池；BF01—发动机舱保险丝盒；CA00—点火开关；BF00—座舱保险丝盒；
0004—组合仪表；3100—行李箱照明灯开关；3105—行李箱照明灯；3110—杂物箱照明灯开关；
3115—杂物箱照明灯；3000，3001，3002，3003—四车门位置开关；3065—阅读灯；3010—前顶灯；
3022—左后顶灯；3023—右后顶灯；MC00，MC40，MC60，MC30—车身接地点；
F15，F25，F26，F28，F30—保险丝

(1) 行李箱照明灯电路

蓄电池正极→发动机舱保险丝盒 BF01→中间插接器 2VNR-2→座舱保险丝盒 BF00-F15→插接器 13VVE-5B→插接器 13VNR-1→行李箱灯开关 3100→插接器 1VNR-1→插接器 2VNR-1→行李箱照明灯 3105→插接器 2VNR-2→MC60 搭铁→蓄电池负极。

(2) 杂物箱照明灯电路

蓄电池正极→发动机舱保险丝盒 BF01→中间插接器 2VNR-1→点火开关 CA00→插接器 2VGR-1→插接器 2VMR-1→座舱保险丝盒 BF00-F28→插接器 13VMR-2A→插接器 2VMR-1→杂物箱照明灯 3115→插接器 2VMR-2→杂物箱照明灯开关 3110→MC30 搭铁→蓄电池负极。

(3) 组合仪表开门指示灯电路

蓄电池正极→发动机舱保险丝盒 BF01→中间插接器 2VNR-1→座舱保险丝盒 BF00-F25→插接器 13VCR-5B→组合仪表 0004 开门指示灯→车门开关 3000、3001、3002、3003→搭铁→蓄电池负极，任何一个车门开启时，组合仪表开门指示灯均点亮。

(4) 车内阅读灯电路

蓄电池正极→发动机舱保险丝盒 BF01→中间插接器 2VNR-1→点火开关 CA00→插接器 2VGR-1→插接器 2VMR-1→座舱保险丝盒 BF00-F30→插接器 13VMR-5A→插接器 2VMR-2→阅读灯 3065→插接器 2VMR-1→MC40 搭铁→蓄电池负极。

(5) 车内顶灯照明电路

蓄电池正极→发动机舱保险丝盒 BF01→中间插接器 2VNR-2→座舱保险丝盒 BF00-F26→插接器 13VVE-3A→插接器 3VMR-2→前顶灯 3010（或左后顶灯 3022、右后顶灯 3023）→插接器 3VMR-3→MC40 搭铁→蓄电池负极。

7. 转向灯工作电路

图 4-8 所示为雪铁龙新爱丽舍轿车转向灯电路，下面分析其工作过程。

(1) 左转向灯工作电路

点火开关接通时，闭合灯光开关左转向触点，则左转向灯相关工作电路为：

1) 左转向闪光器工作电路：

蓄电池正极→发动机舱保险丝盒 BF01→中间插接器 2VNR-1→插接器 2VNR-1→CA00 点火开关→插接器 2VGR-1→座舱保险丝盒 BF00-F28→插接器 13VBE-6B→插接器 9VNR-5A→0002 灯光信号开关左转向开关触点→插接器 9VNR-4A→插接器 9VNR-7→转向灯闪光器 2310 线圈→插接器 9VNR-2→MC30 搭铁→蓄电池负极，左转向闪光器工作。

2) 左转向闪光灯电路为：

蓄电池正极→发动机舱保险丝盒 BF01→中间插接器 2VNR-2→插接器 2VNR-1→座舱保险丝盒 BF00-F14→插接器 13VOR-1A→插接器 9VNR-8→转向灯闪光器 2310 触点→插接器 9VNR-4，分 4 路：一路经插接器 6VNR-2→左后组合灯的左转向灯→插接器 6VNR-3→MC60 搭铁→蓄电池负极，左后转向灯闪亮；第二路经插接器 2VMR-1→左侧转向灯 2340→插接器 2VMR-2→MC11 搭铁→蓄电池负极，左侧转向灯闪亮；第三路经插接器 2VGR-1→左前转向灯 2320→插接器 2VGR-2→MC11 搭铁→蓄电池负极，左前转向灯闪亮；第四路经插接器 26VJN-6→组合仪表左转向指示灯→插接器 26VJN-7→MC30 搭铁→蓄电池负极，仪表左转向指示灯闪亮。

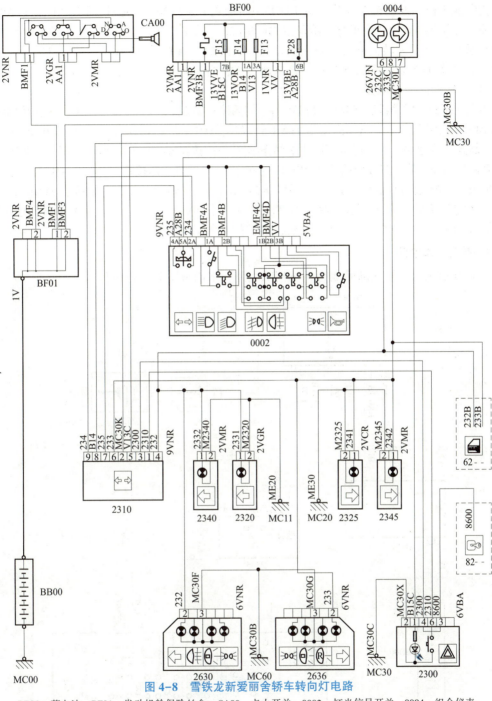

图 4-8 雪铁龙新爱丽舍轿车转向灯电路

BB00—蓄电池；BF01—发动机舱保险丝盒；CA00—点火开关；0002—灯光信号开关；0004—组合仪表；
BF00—座舱保险丝盒；2310—转向灯闪光器；2340—左侧转向灯；2345—右侧转向灯；2320—左前转向灯；
2325—右前转向灯；2630—左后组合灯；2635—右后组合灯；2300—危险报警开关；
MC00、MC60、MC30、MC11、MC20—接地点；F13、F14、F15、F28—保险丝

(2) 右转向灯工作电路

点火开关接通时，闭合灯光开关右转向触点，则右转向灯相关工作电路为：

1) 右转向闪光器工作电路：

蓄电池正极→发动机舱保险丝盒 BF01→中间插接器 2VNR-1→插接器 2VNR-1→CA00 点火开关→插接器 2VGR-1→座舱保险丝盒 BF00-F28→插接器 13VBE-6B→插接器 9VNR-5A→0002 灯光信号开关左转向开关触点→插接器 9VNR-2A→插接器 9VNR-9→转向灯闪光器 2310 线圈→插接器 9VNR-2→MC30 搭铁→蓄电池负极，右转向闪光器工作。

2）右转向闪光灯电路为：

蓄电池正极→发动机舱保险丝盒 BF01→中间插接器 2VNR-2→插接器 2VNR-1→座舱保险丝盒 BF00-F14→插接器 13VOR-1A→插接器 9VNR-8→转向灯闪光器 2310 触点→插接器 9VNR-6，分 4 路：一路经插接器 6VNR-2→右后组合灯的左转向灯→插接器 6VNR-3→MC60 搭铁→蓄电池负极，右后转向灯闪亮；第二路经插接器 2VMR-1→右侧转向灯 2345→插接器 2VMR-2→MC20 搭铁→蓄电池负极，右侧转向灯闪亮；第三路经插接器 2VGR-1→右前转向灯 2325→插接器 2VGR-2→搭铁 MC20→蓄电池负极，右前转向灯闪亮；第四路经插接器 26VJN-8→组合仪表 0004 右转向指示灯→插接器 26VJN-7→MC30 搭铁→蓄电池负极，仪表右转向指示灯闪亮。

8. 喇叭工作电路

图 4-9 所示为雪铁龙新爱丽舍轿车喇叭电路，下面分析其工作过程。

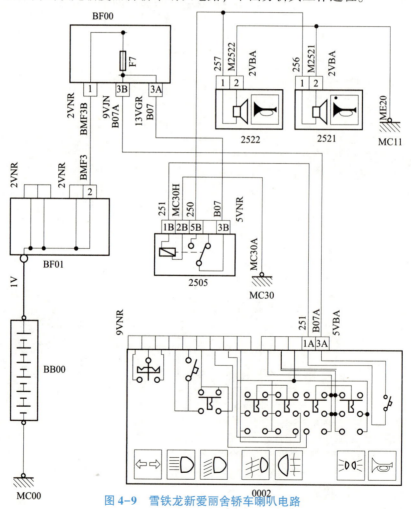

图 4-9 雪铁龙新爱丽舍轿车喇叭电路

BB00—蓄电池；BF01—发动机舱保险丝盒；0002—灯光信号开关；BF00—座舱保险丝盒；
2521—低音喇叭；2522—高音喇叭；2505—喇叭继电器；MC00、MC30、MC11—车身接地点；F7—保险丝

（1）喇叭继电器线圈工作过程

闭合方向盘喇叭按钮开关后，其工作过程为：蓄电池正极→发动机舱保险丝盒 BF01→插接器 2VNR-2→插接器 2VNR-1→座舱保险丝盒 BF00-F7→插接器 9VJN-3B→插接器 5VBA-3A→方向盘喇叭按钮开关→插接器 5VBA-1A→插接器 5VNR-1B→喇叭继电器 2505 线圈→插接器 5VNR-2B→MC30 搭铁→蓄电池负极，喇叭继电器线圈带电，常开触点闭合。

（2）喇叭工作过程

蓄电池正极→发动机舱保险丝盒 BF01→插接器 2VNR-2→插接器 2VNR-1→座舱保险丝盒 BF00-F7→插接器 13VGR-3A→插接器 5VNR-3B→喇叭继电器触点→插接器 5VNR-5B→插接器 2VBA-1→高音喇叭（或低音喇叭）→搭铁 MC11→蓄电池负极，喇叭鸣响。

（二）灯光系统部件常见的损伤形式及原因

现代轿车灯光系统常见的损伤形式主要有组合灯具安装支架断裂、灯具外壳破损、灯泡损坏；灯光开关插接器连接不牢、开关触点烧蚀、导线连接点脱焊；灯光继电器触点烧结、线圈断路；导线断路、短路、虚连；保险丝熔断等。

1. 灯具自身损坏

（1）组合灯具安装支架断裂

车辆在运行过程中，由于车辆振动或者是外部干涉引起安装支架断裂（见图 4-10、图 4-11），导致灯具安装不牢靠和其他车体部分碰撞，造成进一步的损伤；对于汽车前照灯，还会改变灯光的照射位置，对行车造成不良影响。

图 4-10 前组合灯具　　　　　图 4-11 断裂的安装支架

（2）灯具外壳破损

灯具外壳破损主要是由出事故时碰撞变形所导致的，图 4-12 所示为尾部碰撞的事故车辆；也有少部分因为安装或者设计原因导致灯具外廓与安装车体外廓不符，在运行中因挤压造成的，图 4-13 所示为外廓挤压导致碎裂的灯具。

图 4-12 尾部碰撞的事故车辆　　　　　图 4-13 外廓挤压导致碎裂的灯具

（3）灯泡损坏

灯泡是各种灯光设备的发光部件，图 4-14 所示为汽车前照灯灯泡。灯泡损坏是灯光系统出现故障的常见形式，主要是灯丝断裂，其自然原因是钨丝在受热后蒸发变细，逐渐断裂；使用原因主要是供电系统电压过高导致灯丝烧毁。图 4-15 所示为断裂的灯丝。

图 4-14 汽车前照灯灯泡

图 4-15 断裂的灯丝

2. 灯光开关损坏

（1）插接器连接不牢

插接器无锁止装置或锁止装置损坏，会导致插接器连接不牢固，导线不能导通或者连接电阻过大，影响用电设备的正常工作。图 4-16 所示为雪铁龙爱丽舍组合开关插接器。

图 4-16 雪铁龙爱丽舍组合开关插接器

（2）开关触点烧蚀

开关触点因经常工作在接通、断开状态来控制电流通过，所以产生的电弧容易将触点烧蚀，从而影响其导通性能。图 4-17 所示为烧蚀的开关触点。

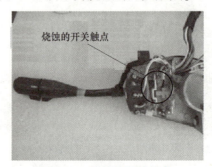

图 4-17 烧蚀的开关触点

（3）导线连接点脱焊

组合开关触点与连接导线之间一般都为焊接连接，因焊接质量或振动等原因通常会导致连接点脱焊，使电路无法连通。图 4-18 所示为组合开关导线焊接示意图。

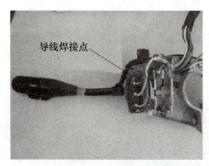

图 4-18　组合开关导线焊接示意图

3. 灯光继电器损坏

有些车型安装有灯光继电器，其主要作用是使灯光设备工作时的大电流经其触点通过，而灯光开关只通过较小的控制电流，从而达到保护灯光开关的目的。

（1）触点烧结

继电器触点经常处于开、合状态，产生的电弧容易使触点烧蚀甚至是烧结在一起。图 4-19 所示为灯光继电器的内部结构。

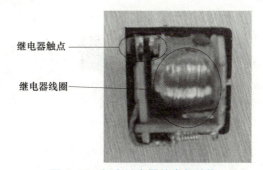

图 4-19　灯光继电器的内部结构

（2）线圈断路

继电器线圈铜线断路也会使继电器失效。

4. 线路损坏

（1）导线断路

导线断路多为线路因某种原因与其他部件产生干涉，导致摩擦、挤压出现断裂，维修时应先排除隐患，再进行修复。图 4-20 所示为导线断路。

图 4-20　导线断路

（2）导线短路

导线短路的原因也多为线路与其他部件干涉，导致摩擦、挤压，并与金属机体相接触造成的。一般正极线对负极短路会造成保险丝熔断或用电设备烧毁。

（3）导线虚连

导线虚连使接触电阻过大甚至是不接触，从而导致用电设备工作不正常甚至是不工作，主要是由于插接器连接不牢、金属插接件与线路出现脱焊、金属接头锈蚀、氧化等原因造成的。图4-21所示为导线虚连。

图4-21　导线虚连

5. 灯光保险损坏

为了保护线路，使其不会因电流过大而烧毁，通常用保险来保护线路。保险损坏基本都是因为电流过大烧毁的，原因可能是因为线路搭铁导致电流过大，也可能是因为保险容量选择过低造成的，维修时应先找到根本原因后再进行更换。图4-22所示为汽车用保险。

图4-22　汽车用保险

6. 喇叭故障

（1）喇叭不响

喇叭不响可能是喇叭自身损坏，也可能是喇叭开关、喇叭继电器或者连接线路故障，应先确认具体故障点后再进行排除。图4-23所示为汽车用高低音电喇叭。

图4-23　汽车用高低音电喇叭

(2) 喇叭音量过高或过低

电喇叭音量的大小与通过喇叭线圈中的电流大小有关。需增大音量时，可先松开锁紧螺母，再旋松调整螺母，使触点的压力增大。总之，通过旋转调整螺母来改变触点的接触压力，即可改变喇叭音量的大小。

喇叭的固定方法对其发音影响极大。为了使喇叭的声音正常，喇叭不能做刚性的装接，而应固定在缓冲支架上，即在喇叭与固定支架之间装片状弹簧或橡皮垫。

(3) 喇叭音调过高或过低

减小衔铁与铁芯间的间隙，可以提高音调。衔铁与铁芯的间隙一般为 0.5~1.5 mm，间隙过小会发生碰撞，过大则会吸不动衔铁。调整时铁芯要平整，铁芯与衔铁四周的间隙要均匀，否则会产生杂音。

二、任务实施

项目1　全车灯光系统检测

1. 项目说明

一辆雪铁龙爱丽舍轿车行驶 16 万公里后进入 4S 店进行例行保养，请对该车全车灯光系统进行检测，并做好记录。

2. 技术要求

1) 两个学员配合能在 10 min 内完成此项目。
2) 熟练掌握各种灯光开关的操纵方法及灯光手势的含义。

3. 设备器材

1) 雪铁龙新爱丽舍实验用车一辆。
2) 万用表一块。
3) 常用工具一套。
4) 教学车维修手册一套。

4. 作业准备

1) 准备车辆。　　　　　　　　　　　　　　　□任务完成
2) 准备作业记录表。　　　　　　　　　　　　□任务完成

5. 操作步骤

1) 万用表测量蓄电池电压，若存电量不足，则应进行充电或更换电量充足的蓄电池。
2) 同学甲在车内操纵灯光开关，同学乙在车外做手势指挥，按照先车前再车尾的顺序，将全车灯光检测一遍并做好记录，要注意相同的手势在车前部和车尾部的含义是不相同的。

①车辆前部检测：站在车辆前部，按照图 4-24~图 4-31 所示的手势检测车辆前部灯光。

站在车辆正前方，两手握拳，如图 4-24 所示，做好准备，检测结束时手势相同。

图 4-24　做好准备手势

伸出两手的小指，检测车辆前部小灯，如图 4-25 所示。

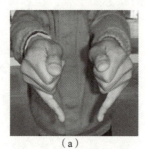 

（a）　　　　　　　　　（b）

图 4-25　车辆前部小灯检测手势及灯光

（a）小灯检测手势；（b）小灯灯光

竖起两手的大拇指，检测大灯的近光，如图 4-26 所示。

 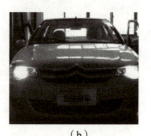

（a）　　　　　　　　　（b）

图 4-26　车辆前部大灯近光检测手势及灯光

（a）大灯近光检测手势；（b）大灯近光灯光

竖起两手的大拇指并指向后方，检测大灯的远光，如图 4-27 所示。

（a）　　　　　　　　　（b）

图 4-27　车辆前部大灯远光检测手势及灯光

（a）大灯远光检测手势；（b）大灯远光灯光

驾驶席一侧的大拇指指向驾驶室一方，检测左转向灯，如图 4-28 所示。

（a） （b）

图 4-28　车辆前部左转向灯检测手势及灯光

（a）左转向灯检测手势；（b）左转向灯灯光

助手席一侧的大拇指指向助手席一方，检测右转向灯，如图 4-29 所示。

 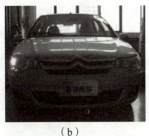

（a） （b）

图 4-29　车辆前部右转向灯检测手势及灯光

（a）右转向灯检测手势；（b）右转向灯灯光

两手的大拇指朝向外侧，检测危险警告灯，如图 4-30 所示。

（a） （b）

图 4-30　车辆前部危险警告灯检测手势及灯光

（a）危险警告灯检测手势；（b）危险警告灯灯光

竖起两手大拇指并指向下，检测前雾灯，如图 4-31 所示。

（a） （b）

图 4-31　车辆前部前雾灯检测手势及灯光

（a）前雾灯检测手势；（b）前雾灯灯光

②车辆后部检测：站在车辆后部，依次按照图4-24~图4-31的手势检测车辆后部灯光。检测车辆后部小灯，检测手势如图4-25（a）所示，车辆后部小灯灯光如图4-32所示。

图4-32　车辆后部小灯灯光

检测车辆后部刹车灯，检测手势如图4-26（a）所示，车辆后部刹车灯灯光如图4-33所示。

图4-33　车辆后部刹车灯灯光

检测车辆后部倒车灯，检测手势如图4-27（a）所示，车辆后部倒车灯灯光如图4-34所示。

图4-34　车辆后部倒车灯灯光

检测车辆后部左转向灯，检测手势如图4-28（a）所示，车辆后部左转向灯灯光如图4-35所示。

图4-35　车辆后部左转向灯灯光

检测车辆后部右转向灯，检测手势如图 4-29（a）所示，车辆后部右转向灯灯光如图 4-36 所示。

图 4-36　车辆后部右转向灯灯光

检测车辆后部危险警告灯，检测手势如图 4-30（a）所示，车辆后部危险警告灯灯光如图 4-37 所示。

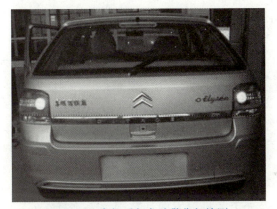

图 4-37　车辆后部危险警告灯检测

检测车辆后部雾灯，检测手势如图 4-31（a）所示，车辆后部雾灯灯光如图 4-38 所示。

图 4-38　车辆后部雾灯检测

3）完成灯光检测，将检测结果填入表 4-1。

表 4-1 灯光检测作业记录表

项目		结果记录		故障现象描述
车辆前部检测项目	小灯	□正常	□不正常	
	大灯近光	□正常	□不正常	
	大灯远光	□正常	□不正常	
	左转向灯	□正常	□不正常	
	右转向灯	□正常	□不正常	
	危险警告灯	□正常	□不正常	
	雾灯	□正常	□不正常	
车辆后部检测项目	小灯	□正常	□不正常	
	刹车灯	□正常	□不正常	
	倒车灯	□正常	□不正常	
	左转向灯	□正常	□不正常	
	右转向灯	□正常	□不正常	
	危险警告灯	□正常	□不正常	
	雾灯	□正常	□不正常	
	车牌灯	□正常	□不正常	

项目 2　灯光检测及调整

1. 项目说明

前照灯的灯光强度及光束的投射方向和范围关系到行车安全，前照灯不是越亮越安全，合适的前照灯亮度不仅是自己车辆安全的保证，也关系到对方车辆的安全。请对一辆行驶 16 万公里的雪铁龙新爱丽舍轿车的前照灯进行检查、调整。

2. 技术要求与标准

1）掌握前照灯亮度的检查方法。
2）掌握前照灯光束的检查流程及调整方法。
3）小组成员配合，在 2 学时内将实训车辆前照灯灯光强度及投射方向和范围调整至规定要求。车辆前照灯灯光强度见表 4-2。

资源 4-1　前照灯的拆装

资源 4-2　更换前照灯灯泡

表 4-2 车辆前照灯灯光强度

cd

车辆类型	新注册机动车		在用机动车	
	两灯制	四灯制	两灯制	四灯制
汽车、无轨电车	15 000	12 000	12 000	10 000
四轮农用运输车	10 000	10 000	8 000	6 000

3. 设备器材

1）雪铁龙新爱丽舍实验用车一辆。

2）教学车维修手册一套。

3）灯光测试仪（451-D 灯光测试仪）一台。

4）常用工具一套。

4. 作业准备

（1）准备车辆。　　　　　　　　　　　　　　□任务完成

（2）准备作业记录表。　　　　　　　　　　　□任务完成

（3）灯光测试仪准备。　　　　　　　　　　　□任务完成

5. 操作步骤

前照灯的检测有前照灯检测仪法和屏幕检测法。使用前照灯检测仪检测，因其型号不同，检测发光强度和光轴偏斜量的方法也不完全相同，下面是451-D 灯光测试仪的检测流程：

（1）检测前的准备

1）车辆准备。

务必确保车灯的清洁和干燥，如果车辆在车内部安装有车灯调节器，则将其调至"0"位置。清除掉车辆校准的所有障碍物：泥土、雪、冰等，清除前照灯上的污垢。将车轮调正并确保底盘没有变形，确保轮胎压力正常。对发动引擎进行测试。

如果车辆的悬架为空气悬架，则在开始工作前起动引擎并运行 5 min，然后在引擎运转的情况下继续作业。

在车灯测试过程中，地面必须保持水平。如果地面不平，则必须将灯光测试仪和车辆调整到同一个平面，任何情况下坡度不得超过 0.5%，图 4-39 所示为车辆与检测仪的位置关系。必须避免在不平坦的地面进行车灯测试，因为这样不能做到准确的调节。

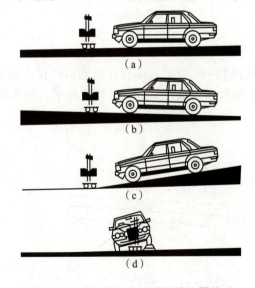

图 4-39　车辆与灯光测试仪的位置关系

（a）正确；（b）0.5%坡度（最大坡度）；（c）、（d）错误

资源 4-3　前照灯的检测

资源 4-4　前照灯调整

2) 仪器准备。

①定位。

将灯光测试仪放置在车辆的右车灯前至少 20 cm 的距离（见图 4-40），在车灯中间处从地面进行高度测量，然后根据柱子上的指数标度对光学箱进行调整。

资源 4-5　前照灯近远光就车调整

图 4-40　灯光测试仪定位

②光学箱调整。

通过目视内部水平面来保证光学箱处于水平位置。如果光学箱没有放于水平位置，则松开操作杆并对光学箱进行适当调整，如图 4-41 所示。

资源 4-6　灯光组合开关灯光操作

图 4-41　光学箱调整

③激光瞄准屏校准。

踩踏板以松开柱子，向下转动瞄准屏并切换到 ON 位置。试着在车辆前部找出两个点，例如车灯、光学箱，以便使两个参照点与瞄准屏投射线进行对准，并锁定柱子。图 4-42 所示为激光瞄准屏校准。

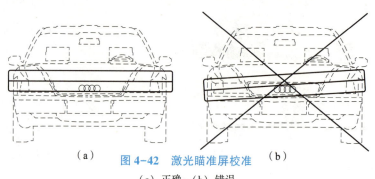

图 4-42　激光瞄准屏校准

(a) 正确；(b) 错误

(2) 调整灯光测试仪

通过［UP］2或［DOWN］1按键输入车灯距离地面的高度，然后按［ENTER］4键。读取车灯上部生产商标出的倾角，如1.2%，在光学箱背面相应地转动滚花轮，图4-43所示为灯光测试仪。如果生产商没有给出任何说明，请遵循有关规定：车灯倾斜角度必须符合离地面80 cm时近光灯的倾角至少为1%的规定。对于超出80 cm的近光灯，倾角至少要达到1.5%。

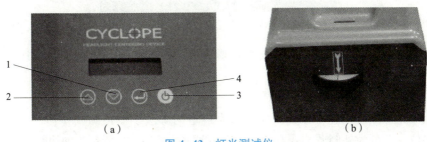

图4-43　灯光测试仪

(a) 正面；(b) 背面

(3) 近光灯校准

如果显示器显示"CHECK RIGHT LAMP"（检查右侧车灯），按［ENTER］键。

然后，显示"ANB. DX KLX=015, 2"（右侧近光灯Klux=读数）信息，检查控制面板，确定车灯投射是否与丝印线对齐，并按［ENTER］键。图4-44所示为近光灯校准。

图4-44　近光灯校准

(4) 远光灯校准

显示器上显示"ANB. DX KLX=041, 5"（右侧远光灯Klux=读数）信息，检查控制面板，确定车灯投射是否与丝印线对齐，并按［ENTER］键。图4-45所示为远光灯校准。

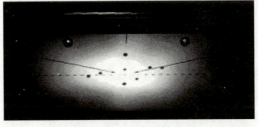

图4-45　远光灯校准

(5) 雾灯校准

显示器上显示"FNB. DX KLX=011, 4"（右侧雾灯Klux=读数）信息，检查控制面板，确定车灯投射是否与丝印线对齐，并按［ENTER］键。图4-46所示为雾灯校准。

图 4-46 雾灯校准

现在来检查车辆左侧,并重复检查步骤,在结束时,灯光测试仪会把数据发送到 PC 中。

(6) 前照灯调整

如前照灯光束照射位置不正确,应按厂家规定的方法予以正确调整,使之符合技术标准。调整部位一般分为外侧调整式和内侧调整式两种,图 4-47 所示为前照灯调整旋钮。

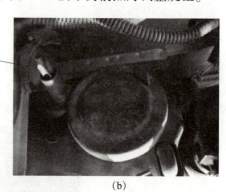

图 4-47 前照灯调整旋钮

(a) 左右调整旋钮;(b) 上下调整旋钮

(7) 发光强度

对于投影式前照灯检测仪,要使光轴偏斜指示计的指示值为零,根据投影屏上前照灯影像中心所示的刻度值,即可读出光轴的偏斜量。如果这种检测仪设有光轴刻度盘,则要转动光轴刻度盘,使投影屏上的坐标原点与前照灯影像中心重合,读取此时光轴刻度盘上的指示值,即为光轴偏斜量。根据此时光度计上的指示值,即可得出发光强度。

项目 3 灯光不亮、灯光暗淡、灯光间歇亮故障诊断

1. 项目说明

大灯及雾灯、小灯等的工作直接影响车辆夜间的使用,灯光暗淡、灯光模糊、间歇亮或灯不亮这些都是灯光系统常见的故障现象,造成这些故障的因素有灯泡、灯具、线路、开关、供电、接地等,采取合理的检测手段,可以迅速地找到故障原因。

2. 技术要求

1) 掌握灯光系统诊断策略。
2) 掌握灯光系统诊断的操作流程。

3. 设备器材

1) 雪铁龙新爱丽舍实验用车一辆。
2) 教学车维修手册一套。
3) 万用表、试电笔各一套。
4) 常用工具一套。
5) 车辆举升设备。

4. 作业准备

1) 准备车辆。　　　　　　　　　　　　　　　□任务完成
2) 准备作业记录单。　　　　　　　　　　　　□任务完成
3) 准备检测工具。　　　　　　　　　　　　　□任务完成

5. 操作步骤

（1）雾灯不亮故障检测

灯光不亮是灯光系统中常见的故障现象，这类故障的检查流程如下：

1) 检查保险丝是否正常。在教学车上拔下雾灯的保险丝，新爱丽舍座舱保险丝盒第18号保险丝即为雾灯保险丝，如图4-48所示。先目测保险丝是否有烧断，若外观检查无异常，则进一步用万用表测量保险丝的电阻，确认保险丝无故障，图4-49所示为保险丝检测，万用表旋至电阻挡，保险丝两端阻值应小于1Ω，否则需更换，测量结束装好保险丝。

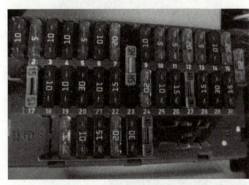
图4-48　新爱丽舍座舱保险丝盒

图4-49　保险丝检测

2) 在教学车上拆下雾灯灯泡，用万用表测量雾灯灯泡电阻，判断雾灯灯泡是否有灯丝烧断现象，如图4-50所示。测量结束装好雾灯灯泡。

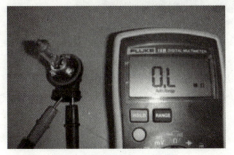
图4-50　雾灯灯泡检测

资源4-7　雾灯故障检测与维修

3）打开点火开关，打开雾灯开关，断开雾灯插头，如图 4-51 所示；用万用表检测雾灯插头电压，如图 4-52 所示，测量的电压值应该与蓄电池电压一致，若无电压或电压过低，需要进行下列检测。

图 4-51　断开雾灯插头　　　　图 4-52　雾灯插头电压检测

①检测雾灯继电器是否正常，在教学车上用继电器拉拔工具拆下雾灯继电器，用万用表检测继电器状态，如图 4-53 所示，检测继电器线圈，应导通，若电阻为无穷大，表明线圈断路，应更换继电器；如图 4-54 所示，检测继电器常开触点，电阻应该为无穷大，若导通，说明触点已经烧结，也需要更换继电器。必要时可以对继电器线圈通电，进一步确认继电器状态。

 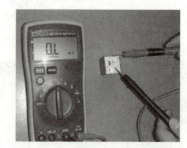

图 4-53　继电器线圈检测　　　　图 4-54　继电器常开触点检测

②检测雾灯开关。在教学车上拆下雾灯开关，用万用表检查雾灯开关触点是否接触可靠，是否有无法连接及连接后电阻过大现象。图 4-55 所示为雾灯开关触点闭合电阻测量。

图 4-55　雾灯开关触点闭合电阻测量

③检查电路。

用数字式汽车专用测试表检测从配电中心至雾灯插头供电电路的导通性、电路的电阻，检查电路中是否有断路、电阻过大现象。检查从雾灯插头至蓄电池负极电路的导通性及电路电阻，检查电路是否有断路及电阻过高故障。

（2）灯光暗淡故障检测

大灯灯光暗淡故障的检查流程如下：

1）检查灯具灯面（配光镜）是否清洁，反光镜是否有污物、锈迹、脱落等现象。检查教学车大灯透光镜是否有污物、开裂、灯面模糊现象，反光镜是否有污物、锈迹、电镀层脱落等现象，如图4-56所示。

图4-56 大灯反光镜、透光镜外观检查

2）用数字式汽车专用测试仪检测灯泡电阻，从教学车上拆下大灯灯泡，检测大灯灯泡电阻，方法如图4-50所示。

3）打开点火开关及雾灯开关，用数字式汽车专用测试表检测蓄电池—配电中心—继电器—配电中心—大灯插头—蓄电池负极等电路节点处的电压降，检测电路中是否存在电阻过大故障。

（3）灯光间歇亮故障检测

灯光间歇亮通常是接触不良引起的，检查流程如下：

1）检查开关，在教学车上拆下小灯开关，用万用表检查小灯开关，检测触点是否有无法接触及接触不良等故障现象，方法如图4-55所示。

2）检查继电器及保险丝插接是否可靠，可用手晃动，听继电器是否有通断声，正常应该无声。

3）检查导线接头，在教学车上将万用表连接在接头两侧，晃动导线，导线电阻应该没有断开或电阻异常高的情况。

4）检查接地。用3545汽车专用测试仪检查教学车小灯的接地线，测试接地电路中是否有电阻过高的故障。

6. 实训工作单

1）将检测结果填入表4-3。

表4-3 雾灯及控制电路检测参数

测量参数	保险丝电阻	雾灯灯泡电阻	雾灯插头电压	雾灯开关触点电阻
测量结果				

2）检测大灯电路的电压降并将检测结果填入表4-4。

表4-4 检测大灯电路的电压降

检测电路	检测的电压降
蓄电池—配电中心	
配电中心—继电器—配电中心	
配电中心—大灯插头	
大灯插头—蓄电池负极	

项目 4　检查、诊断转向灯和危险警告灯故障

1. 项目说明

转向灯和危险警告灯共用一个继电器，两个灯光的故障有一定的关联性，转向灯常见的故障现象有转向灯无法工作、转向灯闪烁频率异常、转向灯常亮不闪烁，转向灯出现这些故障后，相应的危险警告灯也会有对应的故障出现。

2. 技术要求

1）掌握转向灯及警告灯故障的诊断策略。
2）掌握转向灯及警告灯诊断、检测操作流程。

3. 设备器材

1）雪铁龙新爱丽舍实验用车一辆。
2）教学车维修手册一套。
3）万用表、试电笔各一套。
4）常用工具一套。
5）车辆举升设备。

4. 作业准备

1）准备车辆。　　　　　　　　　　　　　　□任务完成
2）准备作业记录表。　　　　　　　　　　　□任务完成
3）准备检测工具。　　　　　　　　　　　　□任务完成

5. 操作步骤

转向灯及危险警告灯不工作，涉及保险丝、继电器、开关、供电、接地等因素，检查流程如下：

（1）检查供电

在教学车上找到转向灯保险丝及危险警告灯保险丝，用保险丝插拔工具拆下保险丝，目测检查保险丝是否有烧断，目测无异常，用万用表检测保险丝电阻值。

在教学车上拆下转向灯接线插头，将万用表表笔连接到转向灯插头，万用表调整为直流电压量程，打开点火开关及转向灯开关，观察转向灯插头是否有电压，若有电压说明转向灯灯泡有故障；若没有电压，则检查转向灯继电器及开关。检测结束装好拆卸部件。

在教学车上拆下转向灯开关，将万用表调整为电阻量程，测量转向灯开关触点是否正常，触点电阻过大或无穷大，说明转向灯开关有故障，检测结束装好拆卸部件。

在教学车上拆下危险警告灯开关，用万用表电阻挡检查危险警告灯开关触点，若出现断路、电阻过大现象，说明危险警告灯开关有故障。

在教学车上用继电器拉拔工具拆卸转向灯继电器，根据转向灯及警告灯电路图检查连接到转向灯继电器的连接电路的通断性。若电路、开关、保险丝均正常，则故障在转向灯继电器上。

检查接地。关闭教学车点火开关,用万用表测量转向灯插头接地线至车身或蓄电池负极之间的电阻,若有电阻异常大的现象,则检查接地连接。

(2) 检查灯泡及电路电阻

转向灯或危险警告灯闪烁频率异常,要检查电路或转向灯灯泡电阻,检查流程如下:

在教学车上拆下车辆前部的左、右转向灯灯泡,用万用表测量左、右转向灯灯泡电阻,观察两个灯泡电阻是否一致,若不一致,则故障应为灯泡所致。

检测左、右转向灯插头至配电中心电阻以及插头至接地点电阻,若有电阻异常现象,则故障应产生在电路。

按照相同的方法检测教学车后部灯泡电阻。

(3) 检查继电器及开关

转向灯或危险警告灯打开后常亮不闪烁,这个故障一般由转向继电器所致,但必须保证连接到转向继电器的所有电路无故障。检查流程如下:

用万用表检查继电器常供电线路是否始终有电压,电压是否与规定电压相同。用万用表检查继电器接地线电阻,无断路及无附加电阻现象为正常。

用万用表连接到开关的电路电压,没有打开和打开后电压状态发生改变为正常。

用万用表测量连接到转向灯灯泡的电路电阻,电阻应该与灯泡电阻接近。

6. 实训工单。

1)将测量结果填入表 4-5。

表 4-5 转向开关及控制电路检测参数

测量参数	保险丝电阻	转向灯触点电阻		警告灯触点电阻		灯泡插头至接地电阻
		灯关闭	灯打开	灯关闭	灯打开	
测量结果						

2)将灯泡测量结果填入表 4-6。

表 4-6 转向灯泡电阻

灯泡位置	前左	前右	后左	后右
灯泡电阻				

3)将转向继电器连接电路测量结果填入表 4-7。

表 4-7 转向继电器检测参数

测量参数	供电线电压	接地线电阻	开关状态	至左前灯泡接地电阻
测量结果				

学习任务 5
汽车仪表故障检修

汽车各种指示仪表的正常工作，能够保证驾驶员及时了解发动机及车辆的各项运行状况，提早发现潜在的故障，避免可能出现的事故。因此，对汽车仪表进行全面检测，保证仪表系统正常工作，显得尤为重要。

通过本任务学习，应能：
1. 掌握汽车仪表的损伤形式及检测方法。
2. 掌握各种仪表故障的诊断及排除。
3. 掌握各种检验测量工具的使用。

 6 学时

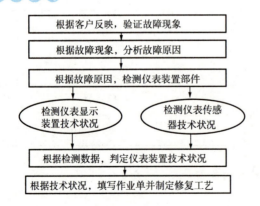

资源 5-1　汽车仪表的构成与作用

一、知识准备

（一）汽车仪表及报警装置工作过程

为使驾驶员随时掌握车辆的各种状况，并及时发现和排除潜在的故障，在驾驶员座位前方的仪表板上装有各种测量仪表。雪铁龙新爱丽舍汽车组合仪表设置有发动机冷却液温度

表、燃油表、发动机转速表等。

1. 冷却液温度表工作过程

雪铁龙新爱丽舍汽车冷却液温度表控制电路如图5-1所示。

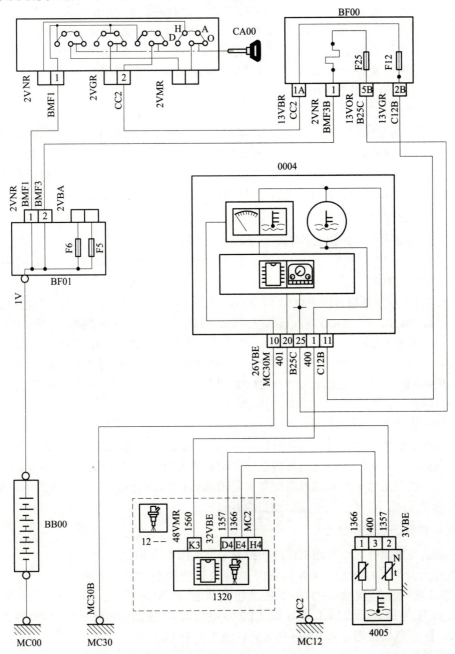

图5-1 雪铁龙新爱丽舍汽车冷却液温度表控制电路
BB00—蓄电池；BF01—发动机舱保险丝盒；2VNR—2孔黑色插接器；2VBA—2孔白色插接器；
CA00—防盗点火开关；BF00—座舱保险丝盒；13VBE—13孔蓝色插接器；
13VOR—13孔橘黄色插接器；13VGR—13孔灰色插接器；0004—组合仪表；
26VBE—26孔蓝色插接器；3VBE—3孔蓝色插接器；4005—发动机冷却液温度传感器；
1320—发动机电脑；M000、MC30、MC12—接地点；F12、F25—保险丝

冷却液温度传感器电源供给电路为：电路蓄电池 BB00→发动机舱保险丝盒 BF01→2 孔黑色插接器 2VNR→导线 BMF3→保险丝 F25→导线 C12B→26 孔蓝色插接器 26VBE→组合仪表 0004。防盗点火开关 CA00 控制组合仪表 0004 的工作，当点火开关处于 ON 位置时，组合仪表通过 26 孔蓝色插接器 26VBE→导线 410→3 孔蓝色插接器 3VBE→冷却液温度传感器提供+5V 电压。

防盗点火开关 CA00 处于 ON 位置时，冷却液温度表电源供给电路为：电路蓄电池 BB00→发动机舱保险丝盒 BF01→2 孔黑色插接器 2VNR→导线 BMF1→防盗点火开关 CA00→2 孔灰色插接器 2VGR→导线 CC2→座舱保险丝盒 BF00→保险丝 F12→导线 C12B→26 孔蓝色插接器 26VBE→冷却液温度表→搭铁。

其工作过程如下：

当发动机冷却液温度升高时，安装在传感器内的热敏电阻的阻值小，传感器端子电压低，低电压信号被组合仪表的微控器采集，经过运算后直接驱动温度表内的步进电动机，再由步进电动机驱动指针，在刻度盘上指示被测冷却液温度为低温。当发动机冷却液温度降低时，热敏电阻值高，传感器端子电压高，在刻度盘上指示被测冷却液温度为高温。

2. 燃油表工作过程

雪铁龙新爱丽舍汽车燃油表控制电路如图 5-2 所示。

燃油量传感器电源供给电路为：电路蓄电池 BB00→发动机舱保险丝盒 BF01→2 孔黑色插接器 2VNR→导线 BMF3→保险丝 F25→导线 C12B→26 孔蓝色插接器 26VBE→组合仪表 0004。防盗点火开关 CA00 控制组合仪表 0004 的工作：当点火开关处于 ON 位置时，组合仪表通过 26 孔蓝色插接器 26VBE→导线 433→3 孔栗色插接器 3VMR→燃油量传感器提供+5V 电压。

防盗点火开关 CA00 处于 ON 位置时，燃油表电源供给电路为：电路蓄电池 BB00→发动机舱保险丝盒 BF01→2 孔黑色插接器 2VNR→导线 BMF1→防盗点火开关 CA00→2 孔灰色插接器 2VGR→导线 CC2→座舱保险丝盒 BF00→保险丝 F12→导线 C12B→26 孔蓝色插接器 26VBE→燃油表→搭铁。

其工作过程如下：

当油箱内的燃油量增多时，燃油量传感器的电阻值小，传感器端子电压低，低电压信号被组合仪表的微控器采集，经过运算后直接驱动燃油表内的步进电动机，再由步进电动机驱动指针，在刻度盘上指示被测燃油液面高。当油箱内的燃油量减少时，传感器的电阻值大，传感器端子电压高，在刻度盘上指示被测油液面低。

3. 发动机转速表工作过程

雪铁龙新爱里丽舍汽车发动机转速表控制电路如图 5-3 所示。

防盗点火开关 CA00 处于 ON 位置时，发动机转速表电源供给电路为：电路蓄电池 BB00→发动机舱保险丝盒 BF01→2 孔黑色插接器 2VNR→导线 BMF1→防盗点火开关 CA00→2 孔灰色插接器 2VGR→导线 CC2→座舱保险丝盒 BF00→保险丝 F12→导线 C12B→26 孔蓝色插接器 26VBE→发动机转速表→搭铁。

其工作过程如下：

发动机运转后，从喷油器线圈送来的喷油脉冲信号进入组合仪表 IC 集成电路，经内部的输入整形电路后进入单稳电路。单稳电路将整形后的波形变换成脉冲宽度固定的脉冲波形，再经输出电路得到脉冲频率与输入信号频率相同且脉冲宽度和幅度均固定的脉冲信号，其平均电流值与输入的信号频率成正比，然后信号从组合仪表集成电路输出驱动转速表。

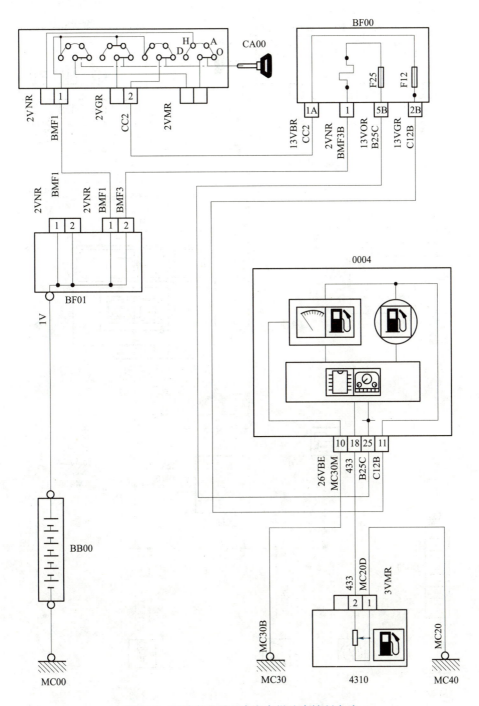

图 5-2 雪铁龙新爱丽舍汽车燃油表控制电路

BB00—蓄电池；BF01—发动机舱保险丝盒；2VNR—2孔黑色插接器；2VBA—2孔白色插接器；
CA00—防盗点火开关；BF00—座舱保险丝盒；13VBE—13孔蓝色插接器；
13VOR—13孔橘黄色插接器；13VGR—13孔灰色插接器；0004—组合仪表；
26VBE—26孔蓝色插接器；3VBE—3孔蓝色插接器；4310—燃油量传感器；
MC40，MC30，MC12—接地点；F12，F25—保险丝

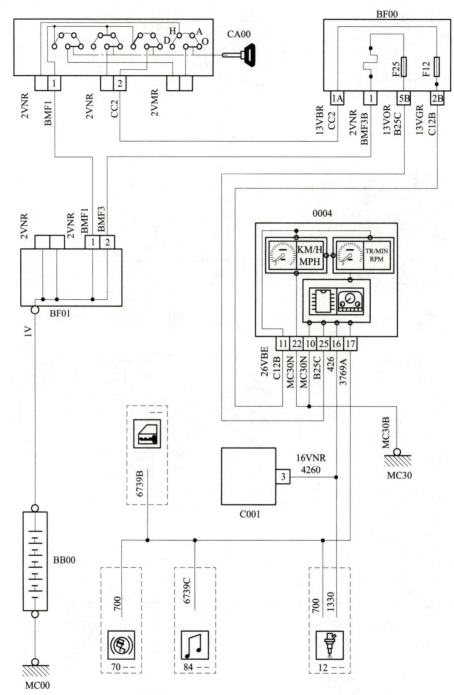

图 5-3 雪铁龙新爱丽舍汽车发动机转速表控制电路

BB00—蓄电池；BF01—发动机舱保险丝盒；2VNR—2 孔黑色插接器；2VBA—2 孔白色插接器；
CA00—防盗点火开关；BF00—座舱保险丝盒；13VBE—13 孔蓝色插接器；13VOR—13 孔橘黄色插接器；
13VGR—13 孔灰色插接器；0004—组合仪表；26VBE—26 孔蓝色插接器；
C001—诊断插头；1330—喷油器；F12，F25—保险丝

4. 报警装置工作过程

东风雪铁龙新爱丽舍汽车报警装置如图 5-4 所示。报警装置包括机油压力报警灯、防盗器报警灯、发动机管理系统报警灯（EPC）、远光指示灯、安全气囊报警灯、ABS 报警灯、制动系统报警灯、充电指示灯、远光指示灯、燃油油位偏低报警灯、冷却液温度过高/液位过低报警灯、左右转向信号指示灯。各报警灯、指示灯工作过程如下：

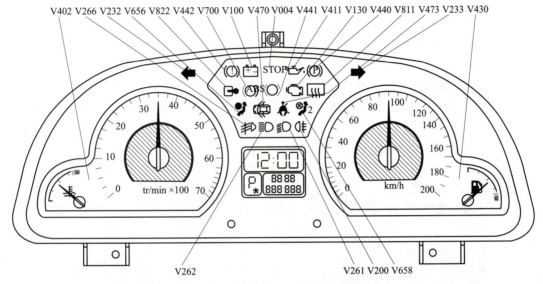

图 5-4　雪铁龙新爱丽舍汽车报警装置

V402—发动机高温指示灯；V266—前雾灯指示灯；V232—左转向指示灯；V656—前气囊指示灯；
V822—应答器指示灯；V422—驻车制动/制动液位指示灯；V700—车轮防抱死诊断指示灯；
V100—充电指示灯；V470—车门开启指示灯；V004—制动报警指示灯；V441—制动液位指示灯；
V411—发动机机油压力指示灯；V130—发动机诊断指示灯；V440—驻车制动指示灯；V811—后风窗加热指示灯；
V473—安全带指示灯；V233—右转向指示灯；V430—燃油最低指示灯；V658—后气囊指示灯；
V200—后雾灯指示灯；V261—近光灯指示灯；V262—远光灯指示灯

（1）机油压力报警灯

接通点火开关后该灯即闪亮，起动后应熄灭。起动后若该灯仍不熄灭或行驶中该灯闪亮，并且在发动机转速超过 2 000 r/min 时，蜂鸣报警器发出警报声，则必须立即停车检查机油油面高度，并按规定添加机油。如果机油油面正常，该灯仍亮，切不可继续行驶，也不可让发动机怠速运转，应立即停车关机，并与就近的汽车售后服务站联系检修。

（2）防盗器报警灯

接通点火开关后，电子系统会自动验证钥匙中的编码是否与本身防盗器存储的编码相符。若该灯点明 3s 后常暗，表示未经编码的钥匙（例如复制的钥匙或非本车匹配过的钥匙），则防盗器报警灯将快速闪烁，进入防盗警戒状态，发动机不能被起动，轿车因此不能被开走。

（3）转向信号指示灯

点火开关接通以后，转向信号与指示灯才会闪光。如果有一个转向信号灯失效，该侧的转向灯频率将加快 1 倍。转向信号灯由转向盘下的转向灯手柄来控制。上拨手柄发出右转弯信号，下压手柄发出左转弯信号。通过弯道以后，在转向盘下的回位机构作用下，转向信号灯自动熄灭。在发出"危险报警"信号时，不需要接通点火开关，只需按下开关键，则左右两侧前后所有的转向信号灯都同步闪光,如需结束"危险报警"信号,只需再按一次开关键。

在配置有遥控车门锁的轿车中,每当遥控器发出开启车门的信号时,全部转向灯会闪亮1次(遥控器上的指示灯闪亮2次);当遥控器发出闭锁轿车信号时,汽车所有转向灯会闪亮2次(遥控器上的指示灯会闪亮1次)。由上可知:转向信号灯及指示灯可受到3种装置分别控制和使用。

(4) 安全气囊报警灯

接通点火开关后,该报警灯闪亮,系统进行自检,约几秒钟后自动熄灭。若该灯在接通点火开关后不亮,或灯亮后不熄灭,或在行驶中该灯闪亮,即表示安全气囊系统存在故障,应立即到东风汽车维修站进行检修,切勿延误。否则,发生碰撞事故时,安全气囊将不起作用。

(5) 防抱死制动系统(ABS)报警灯

起动发动机后,ABS系统即开始工作,若系统发生故障,该灯即亮。若行驶中该灯亮了,即表明ABS系统失效,但轿车仍可按常规制动系统进行制动。停车熄火以后重新起动轿车,若该灯仍亮,则应尽快到就近的东风汽车维修站请专业人员检修转换器时,则该灯亮或闪光。此时应立即降低车速,谨慎驾驶到汽车维修站由专业人员检修发动机。

(6) 制动系统报警灯

接通点火开关后该灯方起作用,但制动系统应处于拉紧了手制动器或制动系统液位过低时报警灯才亮。如果松开了手制动,该灯仍不熄灭或行驶中该灯点亮,则表明制动液储液罐中的液位过低,应立即停车检修。

(7) 充电指示灯

只要点火开关一接通,该灯即亮,表示蓄电池处在向外供电的状态;发动机起动运转,该灯应当熄灭,表示发电机已经正常发电并向蓄电池充电。如果接通点火开关未起动,该灯不亮,则可能是指示灯电路有故障;如果在发动机运转中该灯亮起,则表示发电机充电不正常,应立即停车关机,检查发电机传动皮带是否断裂或松弛。如是断裂,则车辆不可继续行驶,因为此时冷却液泵不再工作,必须立即更换。如果皮带过松,应调至规定的挠度,恢复正常充电状态。如果发电机报警灯仍亮,汽车可以行驶,但蓄电池将持续放电而得不到补充,只能坚持1~2 h,必须就近检查维修。

资源5-2 充电指示灯不亮故障诊断与排除

(8) 远光指示灯

接通前照灯远光或发出超车信号(即前照灯远光闪光)时,该指示灯同时亮,它与前照灯左远光灯并联。

(9) 燃油油位偏低报警灯

当点火开关接通后,该灯闪亮数次后熄灭。起动运转后或行驶中该灯闪亮,表明油箱内燃油油位偏低,应尽快添加燃油。

(10) 冷却液温度过高/液位过低报警灯

接通点火开关后,该灯闪亮几次后熄灭。如果几秒钟后该灯仍不熄灭或行驶时闪亮,说明是冷却液温度过高或液面过低所致,此时必须立即停车关机,检查冷却系液位,并按规定加注冷却液。要特别注意谨防烫伤!当发动机处于热态时,冷却系统处于高温高压状态,务必等待发动机冷却之后方可打开冷却液膨胀罐盖。切勿碰触到散热器风扇!

(11) 发动机诊断指示灯

接通点火开关,若无故障,该灯亮3 s后熄灭,若行驶中该灯点亮,则表明发动机管理系统或电子油门装置出现故障，同时系统自动切换到应急程序，降低发动机转速。

（二）汽车仪表常见的损伤形式及原因

为使驾驶员随时掌握车辆的各种状况，并及时发现和排除潜在的故障，在驾驶员座位前方的仪表板上装有各种测量仪表，如发动机冷却液温度表、燃油表、发动机转速表等。图 5-5 所示为雪铁龙新爱丽舍组合仪表。

图 5-5 雪铁龙新爱丽舍组合仪表

对仪表的要求除结构简单、工作可靠、耐振、抗冲击性好外，仪表的示数还必须准确，在电源电压波动时所引起的变化应尽可能小，且不随周围温度的变化而变化。

不论是哪种测量仪表，基本上都是由传感器、导线、表体组成的；因此，汽车仪表的故障基本上可以划分为三大类：传感器损坏、线路故障、仪表损坏。

1. 传感器损坏

在汽车仪表类故障中，因传感器损坏导致的故障占绝大多数，传感器不同，损坏的形式也有所不同。

（1）燃油量传感器损坏

燃油量传感器置于油箱内，一般均为可变电阻式，由可变电阻滑片和浮子组成。

1）浮子卡滞。

燃油量传感器之所以能够检测剩余燃油量，主要就是因为油浮子能够始终漂浮在燃油表面，随着油箱内燃油液面的变化而变化，从而改变输出的电阻值。但是油箱内除了油浮子之外，还有吸油管、油泵、油泵线路等组件，浮子在运行中，容易与上述部件发生干涉而出现卡滞，不能随液面变化而上下摆动，从而造成燃油表指示故障。图 5-6 所示为小型汽车燃油量传感器。

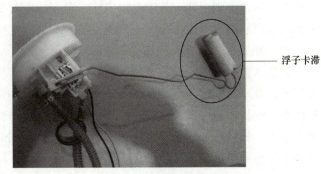

图 5-6 小型汽车燃油量传感器

2）可变电阻机构损坏。

浮子上下移动时，输出阻值应随之改变，但是因为电阻丝断裂、滑动触头接触不良等原因，造成输出阻值不变化，从而出现燃油表指示失常的故障。图 5-7 所示为燃油量传感器可变电阻机构。

3）焊点脱焊。

图 5-7 燃油量传感器可变电阻机构

传感器的输出插片与可变电阻机构之间是焊接的，车辆在运行中焊点存在脱焊的可能，导致传感器输出阻值无穷大，一般重新焊接即可修复。图 5-8 所示为燃油量传感器焊接点。

图 5-8 燃油量传感器焊接点

（2）冷却液温度传感器损坏

发动机冷却液温度传感器安装在发动机气缸盖的冷却水套上，其外形如图 5-9 所示。目前在多数汽车上，冷却液温度表与冷却液温度报警灯同时使用。冷却液温度传感器均为负温度系数热敏电阻形式，其输出阻值随水温变化而改变，如果冷却液温度传感器损坏，则其阻值将不再随温度变化而变化，只能更换冷却液温度传感器，更换时要注意与原仪表匹配。

（3）机油压力传感器损坏

机油压力传感器安装在发动机主油道上，内部与发动机主油道相通，发动机的机油压力可以直接作用在传感器内部，从而改变机油表的指示值。图 5-10 所示为机油压力传感器，目前在多数汽车上，机油压力传感器与机油压力过低报警灯同时使用。如果确定传感器损坏，则只能更换，更换时要注意与原仪表匹配。

资源 5-3 水温传感器检测

图 5-9 冷却液温度传感器的外形

图 5-10 机油压力传感器

（4）车速传感器损坏

车速传感器一般安装在变速器的输出轴，车辆旋转时输出的脉冲频率经电路处理后，与输出的电流相对应，因此指针指示相应的车速，如图 5-11 所示。如果车速传感器损坏，则只能进行更换，更换时要注意与原仪表匹配。

图 5-11　车速传感器

（5）转速传感器损坏

电子式发动机转速表获取转速信号的方式有 3 种：从点火系统获取脉冲电压信号、从发动机的转速传感器获得转速信号、从发电机获取转速信号。汽油发动机电子式转速表都是用点火系统的初级电路为触发信号，而柴油发动机一般在飞轮处安装转速传感器，图 5-12 所示为转速传感器。

图 5-12　转速传感器

2. 仪表故障

（1）内部电路故障

仪表内部的供电电路、搭铁电路、指示电路、报警电路等都可能会出现断路、短路、电阻过大等故障，检测时需要根据故障现象进行逐一测量。图 5-13 所示为完整的汽车仪表电路板。

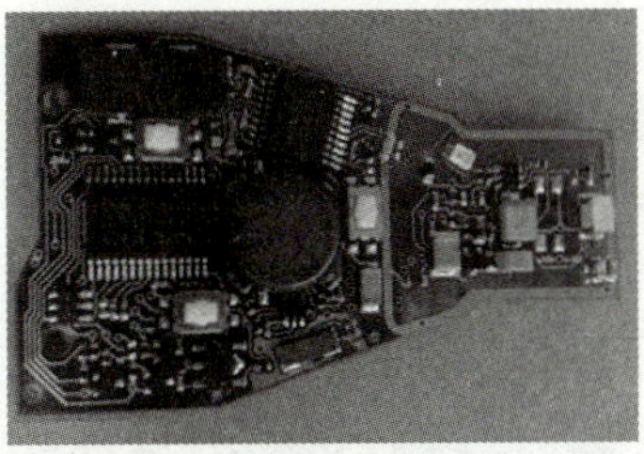

图 5-13　完整的汽车仪表电路板

（2）内部元件故障

内部的稳压电路元件、三极管元件等各种电子元件都有损坏的可能，可视具体情况进行修理，更换时要注意型号的匹配，无法修理时可更换整个仪表总成。图 5-14 所示为汽车仪表电路板部分电路。

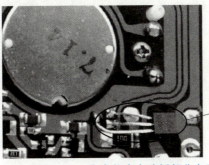

损坏的三极管

图 5-14　汽车仪表电路板部分电路

学习任务 5　汽车电源系统故障检修

117

（3）印刷线路板故障

因制作质量问题，导致仪表内部印刷线路板存在隐患，导致故障出现。图 5-15 所示为安装了部分元件的印刷线路板。

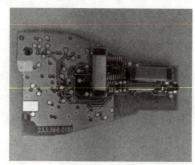

图 5-15　安装了部分元件的印刷线路板

（4）仪表内部报警灯泡或发光二极管损毁

目前，汽车仪表中的报警指示灯有普通灯泡的，也有发光二极管的，其损坏会导致报警或照明灯不亮的故障出现，维修时可对其进行更换处理。

3. 线路故障

传感器与仪表之间均由导线及各插接器连接，线路故障一般包括断路、短路、虚连等故障，此部分内容的学习请参照任务 3 中的相关内容。

二、任务实施

项目 1　检测仪表显示故障

1. 项目说明

仪表通过数字、指针、灯光显示了车辆相关系统的工作状态，仪表不显示或显示不准确直接影响到车辆的使用安全。仪表的故障除与仪表本身有关外，还涉及电路、传感器等部件，应会对仪表进行检测。

2. 技术要求

1）掌握指示型仪表的检测流程。
2）掌握灯光警示型仪表的检测流程。
3）掌握仪表传感器的检测流程。

3. 设备器材

1）雪铁龙新爱丽舍实验用车一辆。
2）教学车维修手册一套。
3）万用表、试电笔各一套。
4）常用工具一套。
5）车辆举升设备。

4. 作业准备

1）准备车辆。　　　　　　　　　　　　　　　　　　□任务完成

2）准备作业记录表。　　　　　　　　　　　　□任务完成

3）准备检测工具。　　　　　　　　　　　　　□任务完成

5. 操作步骤

汽车仪表通过指针显示测量状态的通常有燃油表、水温表、转速表、速度—里程表，这些显示仪表的工作原理虽有所不同，检测的策略却基本相似，具体的检测流程如下：

（1）燃油表的检测

燃油表通过油箱内油浮子上的可变电阻器作为燃油表信号源，通常燃油表都采用电热式。燃油表的检查流程如下：

1）检查燃油量传感器。

在教学车上从油箱中拆下燃油量传感器，如图 5-16 所示。用 3545 汽车专用测试表检测燃油量传感器的电阻变化。将 3545 汽车专用测试表的表笔分别与燃油量传感器的两根线插头连接，选择电阻挡，上下移动油浮子，观察测试表电阻变化是否平滑，有无电阻缺失或异常升高现象，如图 5-17 所示。

图 5-16　拆下燃油量传感器

图 5-17　测量燃油量传感器阻值

2）打开点火开关，观察燃油量传感器断开后燃油表指示的状态，用 3587 跨接线将燃油量传感器的两根线直接跨接，观察燃油表指示是否变化，若无变化，则检查燃油表电路及仪表总成。

①在教学车上拆下仪表插头，如图 5-18 所示，找出燃油表线路插头，用 3587 跨接线直接将燃油表插头中连接仪表的线直接接地，用 3545 汽车专用测试表从仪表插头端测量插头至车身的电阻，若出现断路或电阻过高，说明燃油表电路有故障。

图 5-18　拆下仪表插头

②仪表总成的检查根据具体的车型进行相应的检查。

3）检查结束，恢复教学车。

（2）水温表的检查

水温表通常通过一个负温度系数热敏电阻传感器的信号反映冷却系统的状态，水温表的检查流程如下：

1）检查水温传感器。

在教学车上拆下水温传感器插头，如图5-19所示，用3545汽车专用测试表的红表笔接到水温传感器插头，黑表笔连接到气缸体，测量水温传感器的电阻，起动发动机，运转5 min，熄火，重新测量水温传感器的电阻，看电阻值变化是否正常。

图5-19 拆下水温传感器插头

2）打开点火开关，拔掉水温传感器的插头，观察水温表的指示，用3587跨接线将水温传感器插头直接接地，观察水温表是否变化，若无变化，则检查水温表电路及水温表。

①教学车上插好水温传感器插头，拆下仪表插头，在仪表插头上找出水温表接头，用3545汽车专用测试表测量水温表插头至车身接地的电阻，然后测量水温传感器的电阻，若两个电阻相差很大，说明仪表线路有故障。

②检查水温表。根据不同车型检查仪表总成。

3）检查结束，恢复教学车。

（3）车速里程表的检查

传统的车速里程表通过一个里程表传感器获取信号，里程表传感器位于变速器上。车速里程表的检查流程如下：

1）检查里程表传感器。

①将教学车举升起来，确认安全锁锁定后，进入车下拆卸里程表传感器。

②磁电式里程表传感器。直接用3545汽车专用测试表的两个表笔连接到传感器上，量程选择直流电压挡，转动传感器心轴，测试表应该显示交替变化的电压，若无显示或电压不变，说明传感器有故障。

③对于霍尔式里程表传感器。将传感器与插头连接，将3545汽车专用测试表红表笔连接到传感器信号线，黑表笔连接到传感器搭铁线，打开点火开关，转动传感器心轴，测试表应该显示的电压信号。

2）检查里程表电路。

①关闭点火开关，用3587跨接线将里程表传感器信号线接地。

②拆卸仪表插头，用3545汽车专用测试表测量里程表接头与车身之间的电阻，若有断路、电阻异常，说明里程表电路有故障。

3）根据不同车型检测仪表总成。

4）检测结束，恢复教学车。

（4）转速表的检查

转速表信号取自点火初级线圈电路，电压脉冲经转速表中的数字集成线路计算后，显示发动机的转速。转速表的检查流程如下：

1）检查初级线圈至仪表的电路。

①关闭点火开关，拔下初级线圈插头，将信号线接地。

②拆卸教学车仪表插头，用3545汽车专用测试表测量转速表插头至车身之间的电阻，无断路、电阻异常说明电路正常。

2）检查仪表总成。根据不同车型检测仪表总成。

3）检测结束，恢复教学车。

（5）仪表总成的检查

在教学车上拆卸仪表总成，保持仪表插头连接。

1）检测仪表的供电

①用3545汽车专用测试表检测仪表的常供电线是否有电压，电压是否与蓄电池电压一致。

②打开点火开关，用3545汽车专用测试表检测点火开关控制的供电线是否有电压。

2）检测仪表接地，用3545汽车专用测试表测量仪表接地接头至车身的电压降，若电压降较大，说明仪表接地有故障。

3）检测稳压电路，在仪表上找到稳压三极管，测量稳压三极管的输出电压，对照技术参数判断稳压电路的状态。

6. 实训工作单

1）测量燃油量传感器并将测量结果填入表5-1。

表5-1 测量燃油量传感器

测量参数	最大电阻	最小电阻	是否有尖峰电阻
测量结果			

2）将燃油表的指示状态填入表5-2。

表5-2 燃油表的指示状态

燃油表传感器插头状态	插头断路	插头接地
燃油表指示状态		

3）燃油表传感器接地后，从仪表插头测量的接地电阻是_____，根据测量的电阻值判断燃油表电路是否正常。

4）将水温传感器的测量结果填入表 5-3。

表 5-3　测量水温传感器

测试状态	水温传感器电阻		温度升高电阻的变化
	未起动发动机	运转 3 min 后	
测试结果			

5）将水温传感器电路测量结果填入表 5-4。

表 5-4　水温传感器测量结果

测量目标	仪表插头至接地电阻	水温传感器电阻
测量结构		

7. 思考

车速表随发动机转速变化，可能的故障原因是什么？

项目 2　检测仪表线路、连接器、印刷线路板故障

1. 项目说明

仪表显示或警告灯故障除与传感器有关外，还涉及电路、仪表总成。仪表总成内有稳压电路进行供电，电路形式是印刷电路，与普通电路检测有所不同。要求学员掌握仪表电路检测方法。

2. 技术要求

1）掌握指示型仪表电路的检测流程。
2）掌握灯光警示型仪表电路的检测流程。
3）掌握仪表印刷电路的检测流程。

3. 设备器材

1）雪铁龙新爱丽舍实验用车一辆。
2）教学车维修手册一套。
3）万用表、试电笔各一套，3545 汽车专用测试表。
4）常用工具一套。
5）车辆举升设备。
6）7744 防静电护腕。

4. 作业准备

1）准备车辆。　　　　　　　　　　　　　　　　□任务完成

2）准备作业记录表。　　　　　　　　　　　　　□任务完成

3）准备检测工具。　　　　　　　　　　　　　　□任务完成

5. 操作步骤

（1）仪表线总成供电电路的检测

检测流程如下：

1）关闭点火开关，在教学车上拆卸仪表总成，保持仪表插头连接。

2）将万用表黑表笔接地，选择直流电压挡。

3）结合电路图，在仪表插头上找到常供电导线插头，用万用表测量火线电压。

4）结合电路图，在仪表插头上找到点火开关控制供电线路接头，用万用表测量电压，打开点火开关后，重新测量供电电压。

5）关闭点火开关，将万用表选择为电阻挡，选择小量程。

6）结合电路图，在仪表插头上找到接地线接头，用万用表测量接地线的对地电阻，验证是否接地可靠，无电阻过大故障。

（2）显示仪表信号电路的检测

以车速表为例，检测流程如下：

1）将教学车在举升设备上举升起来，确保四个车轮离开地面 10 cm。

2）将 3545 汽车测试表在仪表插头上连接到车速表信号线。具体操作如下：

①将旋钮置于"电压"（V）位置。

②按下模式按钮选择"RPM"。

③按"向下"按钮选择冲程：RPM1（二冲程，柴油机）；RPM2（四冲程）。

④按"向上"按钮选择缸号。

⑤将红色引线插入端子"V"。

⑥将黑色引线插入"Com"（共用）端子。

⑦将黑色探针良好接地。

⑧将红色探针连接车速表信号线。

3）打开点火开关，起动发动机，挂一挡运行。

4）读取 3545 汽车测试表上的测量转速，若无信号，则说明信号电路或传感器有故障。

5）发动机熄火，挂空挡，关闭点火开关，举起车辆，用 3587 跨接线将车速表传感器线路接地。

6）在仪表上断开仪表插头，用 3545 测试表测量车速信号线从仪表插头至接地的电阻，验证电路的完整性及接头无电阻异常。

7）检测结束，恢复教学车，保持仪表拆卸状态，落下教学车。

注意：车辆有挡运行时，确保 4 个车轮上无任何附着物。车辆举升及降落时，禁止任何人员进入车下。

（3）警告灯电路的检测

以发电机警告灯为例，检测流程如下：

1）结合电路图，在仪表插头上找出发电机警告灯电路接头。

2）将 3545 测试表黑表笔接地，用红表笔连接发电机警告灯接头，测量接地电阻。

3）在发电机上拆下警告灯连接线，用 3545 测试笔测量电阻，电阻应该无穷大。

4）恢复发电机连接。

(4) 仪表印刷电路的检测

检测流程如下:

1) 佩戴好 7744 防静电护腕。

2) 在仪表总成上找到稳压三极管。

3) 打开点火开关,用万用表测量三极管各极电压,验证稳压三极管正常。

4) 拆下仪表,用万用表电阻量程分别在印刷电路上检测电源至仪表照明灯泡的电路电阻。

6. 实训工作单

1) 仪表总成插头上有_____根常供电火线,测量的电压分别是_____,总成插头上分别有几根由点火开关控制的电源线,其测量的电压分别是_____。仪表插头至接地的电阻是_____。

2) 用 3545 测试表连接到车速表信号线,测量出的转速是_____,车速表传感器有_____根线,颜色分别是_____,测量的接地电阻分别是_____。

3) 发电机警告灯电路的电阻是_____,若该电路直接接地,仪表警告灯的状态是_____。

4) 仪表总成上稳压三极管 3 个极是_____,每个极上的电压是_____,印刷电路中电源至仪表灯泡电路的电阻是_____。

7. 思考

转速表损坏如何检测?

项目 3　检测仪表警告显示故障

1. 项目说明

与显示仪表不同的是车辆上很多行车信息是通过警告灯方式来显示的,通常情况警告显示不仅会给驾驶员提供系统的信息,而且也会给驾驶员提供警告,发动机故障灯闪烁意味着发动机控制有故障,发电机灯亮意味着充电系统有故障,警告显示故障直接影响驾驶员对系统危险状态的判断。

2. 技术要求

1) 能进行机油压力报警灯的故障检测。

2) 能进行发电机报警灯的故障检测。

3) 能进行转向指示灯的故障检测。

3. 设备器材

1) 雪铁龙新爱丽舍实验用车一辆。

2) 教学车维修手册一套。

3) 万用表、试电笔各一套。

4) 常用工具一套。

5) 车辆举升设备。

4. 作业准备

1）准备车辆。　　　　　　　　　　　　　　　　☐任务完成

2）准备作业记录表。　　　　　　　　　　　　　☐任务完成

3）准备检测工具。　　　　　　　　　　　　　　☐任务完成

5. 操作步骤

（1）机油压力警告灯的故障检测

机油压力警告灯在打开点火开关时灯亮，起动后数秒内熄灭为正常，打开点火开关不亮或起动发动机后不熄灭都是机油压力警告灯的故障。

1）打开点火开关机油压力警告灯不亮的检测流程如下：

①打开教学车点火开关，验证机油压力警告灯是否亮起。

②在教学车上拆卸仪表总成，在仪表总成上找到机油压力警告灯发光二极管或灯泡。

③用KAL3000汽车专用万用表测量发光二极管或灯泡的电阻。

④检测结束，恢复教学车。

2）发动机起动后机油压力警告灯不熄灭的检测流程如下：

①打开教学车点火开关，起动发动机，验证机油压力警告灯是否熄灭。

②检查机油压力开关。仪表通过机油压力开关控制机油压力警告灯，将机油压力开关插头拔下，观察机油压力警告灯是否熄灭；用3587跨接线直接将插头接地，观察机油压力警告灯是否熄灭。若机油压力警告灯熄灭或又亮起，说明故障在机油压力开关；若警告灯状态不变，则进行仪表稳压电路的检查。

③带有低压开关的机油压力警告系统，打开点火开关将位于缸盖上的低压开关接地或将位于机油滤清器座上的高压开关插头拔掉，机油警告灯会亮。低压开关断开，高压开关接地，机油警告灯熄灭。

④机油压力控制灯常亮不熄灭与机油压力监控器故障有关，根据教学车维修手册，检查机油压力监控器。

⑤检测结束，恢复教学车。

（2）发电机警告灯的故障检测

传统的发电机警告灯通过一个发光二极管电路连接至发电机调节器，发电机不发电时，二极管通过调节器接地发光进行警告提示。

1）发动机起动后，发电机警告灯始终亮的检测流程如下：

①起动教学车，验证发电机警告灯是否始终亮。

②用KAL3000汽车专用万用表测量发电机充电电压是否正常，若充电电压不正常，则故障在发电机。

③检查连接到发电机指示灯接线插头的电压，若电压不正常，则故障在发电机。

④拆卸教学车仪表总成，保持插头连接，用万用表测量发电机警告灯线路插头电压，若电压正常，则检查仪表。

⑤检测结束，恢复教学车。

2）点火开关打开后，发电机指示灯不亮的检测流程如下：

①拆卸教学车仪表，在仪表总成上找到发电机警告灯发光二极管或灯泡。拆下发光二极

管或灯泡，用万用表检测。

②检测结束，恢复教学车。

（3）转向指示灯检测

转向指示灯的故障常见于一侧指示灯不亮或两个指示灯都不亮。

1）转向指示灯一侧不亮的检测流程如下：

①打开教学车点火开关，打开转向灯，验证转向指示灯是否亮。

②拆卸教学车仪表总成。

③在仪表总成上拆卸转向指示灯发光二极管或灯泡，用万用表检测。

④打开点火开关，打开转向灯，用万用表测量转向灯仪表插头的电压，若电压异常，则检查电路。

⑤检测结束，恢复教学车。

2）转向灯两侧指示灯都不亮的检测流程如下：

①拆卸仪表总成。

②用万用表检测转向指示灯灯泡或发光二极管。

③用万用表检测仪表稳压电路及印刷电路。

④打开点火开关，打开转向灯，用万用表检测转向指示灯连接线插头电压，若无电压，则检测连接电路

⑤检测结束，恢复教学车。

资源 5-4　汽车仪表盘上这个指示灯亮起不能大意

6. 实训工作单

1）拆下教学车仪表总成，测量得机油压力警告二极管的状态是_____，若是灯泡，灯泡的电阻是_____。起动发动机，拔下机油高压开关插头，机油压力警告灯的状态是_____，直接将开关插头接地，机油压力警告灯的状态是_____。

2）起动发动机，用万用表测量得蓄电池充电电压是_____，测量得发电机与发电机警告灯连线插头的电压是_____；拆卸仪表，测量仪表插头上发电机警告灯连线插头的电压是_____。发电机警告灯发光二极管的状态是_____；若是灯泡，灯泡的电阻是_____。

3）转向指示灯发光二极管的状态是_____，用万用表测量转向指示灯连接线插头电压是_____，根据测量的电压可以判断，指示灯的连接电路的状态是_____。

7. 思考

发电机指示灯随着发动机转速升高变亮，随着转速降低指示灯变暗，分析故障原因。

项目 4　典型仪表故障诊断

1. 项目说明

汽车仪表故障诊断流程，对实际故障排除起到指导作用。

2. 技术要求

1）掌握典型仪表故障的诊断流程。

2）自己能设计简单的流程图。

3. 设备器材

1）雪铁龙新爱丽舍实验用车一辆。
2）教学车维修手册一套。
3）万用表、试电笔各一套。
4）常用工具一套。
5）车辆举升设备。

4. 作业准备

1）准备车辆。　　　　　　　　　　　　　　　□任务完成
2）准备作业记录单。　　　　　　　　　　　　□任务完成
3）准备检测工具。　　　　　　　　　　　　　□任务完成

5. 操作步骤

（1）机油压力表无指示故障诊断

1）故障现象：发动机在各种转速时，电热式机油压力表均无指示值。
2）故障原因：机油压力表故障、机油压力传感器故障、连接导线断路、发动机润滑系统有故障。
3）机油压力表无指示故障诊断流程如图 5-20 所示。

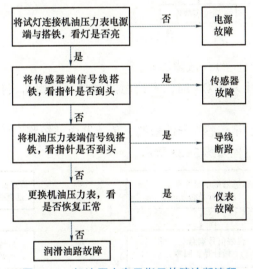

图 5-20　机油压力表无指示故障诊断流程

（2）发动机未起动，机油压力表指示高油压故障诊断

1）故障现象：接通点火开关，发动机未起动，机油压力表指针即开始移动。
2）故障原因：机油压力表故障、机油压力传感器故障、压力表至传感器间的导线搭铁。
3）机油压力表指示高油压故障诊断流程如图 5-21 所示。

（3）冷却液温度表故障诊断

1）故障现象：点火开关置 ON，指针不动。
2）故障原因：冷却液温度表电源线断路、冷却液温度表故障、传感器故障、温度表至传感器的导线断路。

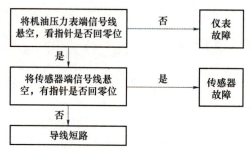

图 5-21 机油压力表指示高油压故障诊断流程

3）冷却液温度表故障诊断流程如图 5-22 所示。

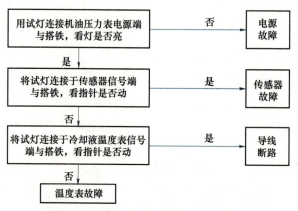

图 5-22 冷却液温度表故障诊断流程

（4）燃油表指针总指向"1"故障诊断

1）故障现象：点火开关置 ON 时，不论燃油量多少，燃油表指针总是指示"1"（油满）。

2）故障原因：燃油表至传感器导线短路、传感器内部短路、燃油表损坏。

3）燃油表故障诊断流程如图 5-23 所示。

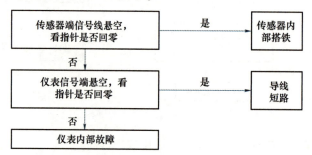

图 5-23 燃油表指针总指向"1"故障诊断流程

（5）燃油表指针总指向"0"故障诊断

1）故障现象：点火开关 ON，不论燃油量多少，燃油表指针总是指示"0"（无油）。

2）故障原因：传感器内部搭铁或浮子损坏、燃油表至传感器的导线断路、燃油表电源线断路、燃油表内部故障。

3）燃油表指针总指向"0"故障诊断流程如图 5-24 所示。

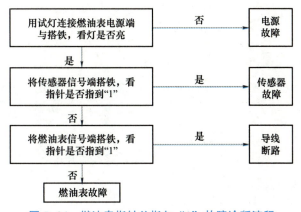

图 5-24　燃油表指针总指向"0"故障诊断流程

学习任务 6
汽车空调制冷系统故障检修

工作情境描述

一辆装备 1.6 L 排量、16 气门发动机的爱丽舍轿车，开启空调制冷系统，在行驶中驾驶员感觉到出风口的风不凉。驾驶员现将车开到东风雪铁龙服务站并与服务顾问沟通后，服务顾问开出工单要求你解决此故障。

学习目标

通过本任务学习，应能：
1. 描述爱丽舍汽车空调制冷系统的结构特点。
2. 进行汽车电路简单分析。
3. 分析空调制冷系统故障产生的原因，能读懂给定的诊断检查文案。
4. 根据维修手册，正确选用工具和检测设备，在规定的时间内安全规范地进行空调制冷系统检测。

学习时间 6 学时

学习引导

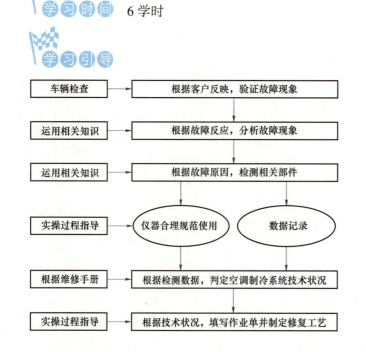

资源 6-1　汽车空调原理

资源 6-2　汽车空调组成

一、知识准备

1. 汽车空调的性能

汽车空调性能指标有：温度、湿度、流速和清洁度。

（1）温度

在夏季人感到舒适的温度是22℃~28℃，冬季是16℃~18℃。温度低于14℃，人会感觉到"冷"，温度越低，手脚动作就会越僵硬，驾驶员将不能灵活操作。温度超过28℃，人就会觉得燥热，精神集中不起来，思维迟钝，容易造成交通事故。超过40℃，则称为有害温度，将对人体的健康造成损害。另外，人体面部所需求的温度比足部略低，即要求"头凉足暖"。

（2）湿度

人觉得舒适的相对湿度夏季是50%~60%，冬季是40%~50%。在这种湿度环境中，人会觉得心情舒畅。湿度过低，皮肤会痒，这是由于湿度太低时，皮肤表面和衣服都较干燥，它们之间摩擦产生静电的缘故；湿度过高，人会觉得闷，这是由于人体皮肤的水分蒸发不出来，干扰了人体正常的温度。

（3）流速

人在流动的空气中比在静止的空气中要觉得舒适，这是因为流动的空气能促进人体内外散热。所以，空气流速是汽车空气调节的重要内容之一。空气流速在0.2 m/s以下为好，并且以低速变动为佳。

（4）清洁度

由于车内空间小，乘员密度大，全封闭空间的空气极易产生缺氧（O_2）和二氧化碳（CO_2）浓度过高的现象；汽车发动机废气中的一氧化碳（CO）和道路上的粉尘都易进入车内，造成车内空气浑浊，严重影响驾乘人员的身体健康，因此必须对车内空气进行净化处理。

2. 汽车空调系统常见的损伤形式

汽车空调由冷、暖两个装置组成，暖气装置主要是由加热器芯通过发动机冷却液而实现取暖工作的，制冷装置主要是由压缩机、冷凝器、储液干燥器、蒸发器、膨胀阀等部件通过电气控制实现工作的。常见的故障现象有空调无暖气、空调完全不制冷、空调制冷不足或空调间歇性不制冷。常见零部件的损伤形式有：

压缩机损坏或控制电路原因造成的压缩机不转、部件损坏或接口松动造成的制冷剂泄漏、冷凝风扇不转、空调的通风配气装置调节不当、鼓风机损坏或控制电路原因造成的鼓风机不转等。

（1）压缩机常见的损伤及成因

压缩机常见的损伤主要是电磁离合器故障或压缩机机体故障，电磁离合器常见的故障包括离合器打滑、分离不彻底、不能吸合、线圈烧坏等；压缩机常见的机体故障包括压缩机卡死、泄漏、异响以及压缩不良。

1）电磁离合器故障。

①离合器打滑可能是由于压盘和带轮间隙过大、变形或接触面过小，也可能是由于压缩机卡死或运行阻力过大造成的。

②分离不彻底可能是由于压盘与带轮间隙过小造成的。
③不能吸合的原因可能是控制电路故障或线圈断路，也有可能是压缩机卡死。
④线圈烧坏的原因可能是线圈短路或由于压缩机卡死发热而烧毁。
2）压缩机机体故障。
①压缩机卡死，主要原因是冷冻油润滑不良。
②压缩机泄漏，压缩机的泄漏点常在缸盖、缸垫、轴封、垫片、管接头、缸体裂纹以及加油孔处发生，泄漏部位通常会有油迹出现。
③异响，经常发生尖锐异响的原因主要是离合器打滑或由于皮带过松以及磨损严重。压缩机轴松旷引起的振动也是噪声的主要来源，同时离合器皮带轮轴承的润滑不良也会引起噪声过大。
④压缩机压缩不良的故障通常表现为：进排气口的温差不大，进排气口的压差过小。这可能是由于进排气阀关闭不严、垫片损坏造成排气阀出来的高温高压气体通过气缸垫的缺口处窜入吸气室，进行再一次的压缩造成排气压力低。

（2）冷凝器及蒸发器常见的损伤及成因

冷凝器、蒸发器都为热交换器，出现散热能力或吸热能力差时，主要是冷凝器或蒸发器散热片脏污、堵塞或散热片变形。

冷凝器及蒸发器故障成因：

1）冷凝器及蒸发器的散热片表面是否脏污，若有，则用刷子刷洗。不要用蒸汽或高压水枪冲洗，以免损坏冷凝器的散热片。
2）冷凝器及蒸发器有无变形、破损等。如果有破损、裂纹或变形，会影响密封性及内部制冷剂的正常流通，需更换冷凝器和蒸发器。
3）冷凝器导风罩是否完好，冷凝器与水箱之间的距离是否合理（两者之间循环会产生紊流，影响散热）。
4）检查膨胀阀毛细管与蒸发器出口管路是否贴紧、隔热保温层是否包扎牢固。
5）检查膨胀阀动力头的毛细管连接处是否有泄漏、进出口滤网是否堵塞。

（3）膨胀阀常见的损伤及成因

膨胀阀出现堵塞或节流作用失效的故障，会造成空调制冷系统不制冷或制冷不足。常见的故障有膨胀阀及膨胀阀的温度热敏元件失效、毛细管安装位置松动等。

（4）储液干燥器和集液器的检修

储液干燥器和集液器的常见故障是滤芯被脏物堵塞或吸水饱和，从而使制冷剂流通不畅，造成空调制冷系统不足或不制冷。

1）用手触摸储液干燥器的进出管路，并观察视镜。如果进口很烫，而且出口接近大气温度，从视镜中看不到或很少有制冷剂流过，或者制冷剂很浑浊，说明储液干燥器中的滤网可能堵塞或干燥剂散了并堵住了干燥器出口。
2）在集液器的出口应该较冷，甚至有水凝结；如果是因为储液干燥器或集液器故障而造成的空调制冷不足或不制冷，则必须更换储液干燥器或集液器。
3）更换安装完毕后，确认前后接口无泄漏，检查易熔塞是否熔化，各接头处是否有油污等。

3. 汽车空调制冷系统的维修工具

对于汽车空调的保养、检查、维修，需要掌握配套的专用工具与设备的使用，才能准确而迅速地进行相关作业，提高工作质量。常用的专用工具包括通过出风口检测空调制冷性能的风速计、干湿计以及温度计；对空调制冷系统检漏用的电子卤素检漏仪和荧光检漏仪；对空调综合性能检测维修的制冷剂回收加注机、汽车空调诊断仪、皮带张紧表、制冷剂鉴别仪、万用表、空调压力表组等，如图6-1～图6-9所示。

资源6-3　汽车空调维修工具

图6-1　风速计

图6-2　电子卤素检漏仪

图6-3　荧光检漏仪

图6-4　制冷剂回收加注机

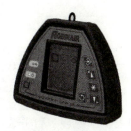
图6-5　汽车空调诊断仪

图6-6　皮带张紧表

图6-7　制冷剂鉴别仪

图6-8　万用表

图6-9　空调压力表组

二、任务实施

项目1　空调制冷系统主要部件检修

1. 项目说明

空调制冷系统主要由压缩机、冷凝器、储液空调干燥器、膨胀阀、蒸发器等组成。压缩机是空调制冷系统的心脏，压缩机故障将导致空调制冷系统工作不良，保证压缩机的良好技术状况是空调制冷正常运行的保障。压缩机技术状况的检测包括：目视检查、噪声异响检查、压盘与带轮间隙检查、电磁线圈阻值检测以及泄漏检测。

冷凝器、蒸发器为热交换器，常出现热交换能力差、阻塞或泄漏现象，所以技术状况检测应包括是否有破损、裂纹，制冷剂是否泄漏，表面是否脏污，管路是否变形以及管路是否通畅。

储液干燥器和集液器常出现的故障是滤芯堵塞或吸水饱和，从而使制冷剂流通不畅，造成空调不制冷或制冷不足。所以技术状况检测应包括检测储液干燥器的进出管路温差，观察视镜，检查制冷剂是否浑浊。

2. 技术标准与要求

1）学员能在 15 min 内完成此项目。

2）空调制冷系统主要部件检修的技术标准见表 6-1。

表 6-1 空调制冷系统主要部件检修的技术标准

检测项目	技术标准
压盘与带轮间隙	0.35~0.6 mm
电磁线圈阻值	4~5 Ω

3. 设备器材

空调制冷系统主要部件、万用表、厚薄规、百分表等。

4. 作业准备：

1）停车，打开发动机盖。　　　　　　　　　　□任务完成

2）铺上护套。　　　　　　　　　　　　　　　□任务完成

3）检查车辆是否平稳。　　　　　　　　　　　□任务完成

5. 操作步骤

（1）压缩机检测

1）就车检测，起动发动机并开启空调，离合器接合时是否有尖叫声音，如有则需更换。

2）目视检查，压盘是否变色、脱落或损伤，如有损伤，则需更换电磁离合器。

3）用手转动皮带轮，检查皮带轮轴承的间隙和运行阻力，如出现噪声大或间隙过大以及阻力过大，则需更换。

4）均匀选取压缩机压盘与带轮的三个点，用塞尺检测压盘与带轮的间隙，如图 6-10、图 6-11 所示；测量压盘在电磁电圈通电和不通电时的间隙，如间隙不在规定范围内（间隙为 0.35~0.5 mm），则需通过垫片调整，如图 6-12 所示。

5）测量电磁线圈的电阻，如不符合技术要求，则更换电磁线圈。温度在 20℃时，电阻值为 4~5 Ω。

（2）冷凝器、蒸发器检测

图 6-10　就车检测

图 6-11　实验台检测

注意：均匀选取三个点测量间隙

资源 6-4　压缩机的拆装

图 6-12　通过垫片调整间隙

资源 6-5　压缩机电磁离合器检修

观察冷凝器表面有无破损，如有破损会有冷冻油泄露，如图 6-13 所示。用测温仪检测比较冷凝器输入口和输出口两者的温度，在正常情况下，输入口应当较热，温度为 65℃ 左右；输出口较冷，温度为 50℃ 左右。如果两者的温度相差不大，甚至是相同的，说明冷凝器未能将制冷剂冷却，主要原因是风扇不转动、冷凝器散热片被尘垢堵塞等。

资源 6-6　蒸发器检修

图 6-13　有冷冻油渗出的冷凝器

（3）膨胀阀和节流管的检查和测试

膨胀阀和节流管是汽车空调制冷系统制冷剂的节流装置，对空调的制冷效果有着直接和关键性的作用。高压制冷剂液体在通过膨胀阀时，根据蒸发温度自动调节进入蒸发器的流量和压力，使其与蒸发温度相对应。

对膨胀阀和节流管主要是检测其调节压力是否正常。当系统内注有标准量的制冷剂时，发动机处于怠速运转，此时低压压力应在 0.15~0.25 MPa；否则说明膨胀阀调节不正常，开启度过大或过小。膨胀阀和节流管的开启度过大，通过的制冷剂多，相应的蒸发压力和蒸发温度就高，蒸发器和低压回气管的温度较高，制冷效果差；膨胀阀和节流管的开启度过小，通过的制冷剂少，相应的蒸发压力和蒸发温度就低，调节的制冷剂不能满足蒸发（热交换）

的需要，膨胀阀的出口处和蒸发器甚至出现结霜，但制冷效果仍然很差。

膨胀阀或节流管的脏堵现象最为常见。当系统过脏，储液干燥器中的干燥剂（硅胶）破碎，随高压制冷剂液体流进膨胀阀或节流管时，在狭窄通道处最容易形成堵塞，造成供液不正常，使系统无法正常运行。出现膨胀阀或节流管脏堵时，拆卸后一般可用化油器清洗剂反复冲洗干净，并用氮气或经干燥处理的压缩空气吹干后再装复。

由于空调制冷系统的蒸发温度一般都在0℃以上，所以冰堵现象一般不会产生。

（4）储液干燥器的检查和测试

储液干燥器安装在冷凝器之后，干燥和过滤进入膨胀阀的高压液体，并储存供系统循环所需的制冷剂，确保系统的正常运行。正常情况下，储液干燥器的玻璃视镜应清晰明澈。空调在运行中视镜里出现泡沫状为制冷剂不足；完全无动静为无制冷剂或制冷剂过多；少量泡沫流动时为制冷剂量合适。当出现视镜有黄褐色黏糊状液体时，说明系统较脏或储油量过多。

储液干燥器内脏物积存过多而堵塞及压力开关失灵故障最为常见。

当出现下列情况之一时，应予更换储液干燥器：用手触摸储液干燥器两接口温度，温差较大必须更换；空调因故障停用或已将系统某部件拆开时间较长必须更换。储液干燥器的压力开关失灵时可旋下直接更换。

（5）空调连接管路的检查

管路破损或内部过脏必须更换。管路破损严重，有油迹的地方会产生泄漏。手握皮管的金属卡头用力左右旋转，转得动的必会漏（特别是压缩机出口至冷凝器进口处软管）。各连接头的橡胶密封圈和维修接口应完好无损，管路内应清洁干净，注意胶管磨损粒及尼龙衬套脱落堵塞，确保管路通畅和密封。

空调制冷系统的压力检漏，可用肥皂水在软海绵中搓出泡沫，分别包裹每一个接头并仔细检查，查看有无气泡出现（泡沫停留的时间尽可能长些为好），冒气泡必会漏。

空调系统的真空检漏，真空压力表的指针下降到一定程度不再下降（真空抽不到底），或真空压力能够到底但关闭阀门压力迅速回升，证明系统仍有泄漏。当真空表指针稳定在底线后，关闭连接阀，静止数十分钟，表针不应有丝毫回升现象，证明系统检漏合格。

此外，温度控制器、压力控制器、鼓风机、电子风扇等附属装置和电气控制都应保持性能完好。

6. 实训工作单

1）一个人起动发动机，间断闭合、断开空调开关，另一个人在发动舱前检查离合器是否有动作：_____。

给离合器控制线通电，检查离合器是否有动作：_____。（填写"是"或"否"）

2）教学车的空调离合器间隙测量值，第一个位置：_____，第二个位置：_____，第三个位置：_____。离合器间隙是否正常：_____。（填写"是"或"否"）

3）将万用表挡位调至电阻挡，测量线圈的电阻值是_____。阻值是否正常：_____。

4）教具空调压缩机的离合器间隙测量值，第一个位置：_____，第二个位置：

_____，第三个位置：_____。离合器间隙是否正常：_____。（填写"是"或"否"）

项目 2　空调制冷系统温度、压力检测

1. 项目说明

空调管路充注了合适重量的制冷剂，汽车空调制冷系统正常工作时，空调管路中会有一定的工作压力，且不同部件有不同的工作温度，根据空调管路的压力及各个部件的工作温度情况可以判断空调制冷系统部件的工作情况，从而确定空调制冷系统的一些常见故障。

空调检测工具设备上有不同的标注单位，在读取数据时要注意区分。

2. 技术标准与要求

1）一个学员能在 20 min 内完成此项目。
2）技术标准。空调制冷系统温度、压力检测技术标准见表 6-2。

表 6-2　空调制冷系统温度、压力检测技术标准

检测项目	技术标准
R134a 低压侧压力	0.15~0.25 MPa
R134a 高压侧压力	1.2~1.6 MPa

3. 设备器材

空调制冷系统温度、压力检测所需的设备器材见表 6-3。

表 6-3　设备器材

序号	设备器材	数量	备注
1	电子自动控制空调制冷系统实训台架	1 台	
2	教学用整车（市场主流车型）	1 辆	
3	TIF7620 红外测温仪	1 套	
4	10945 表式温度计	1 个	
5	TIF7000 数字式多用途温度计	1 个	
6	40134A 高低压表组	1 套	
7	3490 数字式压力温度分析仪	1 套	
8	通用维修工具	1 套	

4. 作业准备

1）停车，打开发动机盖。　　☐任务完成
2）铺上护套。　　☐任务完成
3）检查车辆是否平稳。　　☐任务完成
4）车辆停在通风阴凉的地方。　　☐任务完成

5. 操作步骤

（1）检测系统温度

使用非接触式温度测量仪测量空调制冷系统部件的温度，通过红外线测量物体表面温度。图 6-14 所示为非接触式温度测量仪。

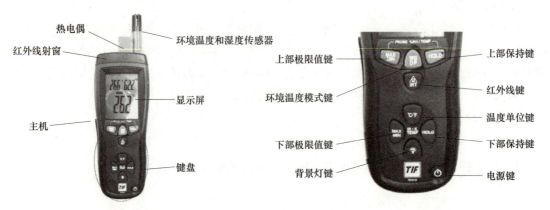

图 6-14　非接触式温度测量仪

起动发动机，让空调制冷系统运行 5 min，测量并记录以下空调部件的温度：

1）压缩机本体及进、出气管。

2）冷凝器入口。

3）冷凝器出口。

4）仪表台中央出风口。

（2）检测系统压力

空调压力表组用于检测空调制冷系统压力，空调压力表组（见图 6-15）上方有高压表、低压表，分别检测系统高压侧压力和低压侧压力；压力表组下方有红、黄、蓝三根连接软管，蓝色软管连接低压侧，红色软管连接高压侧；压力表组中间有低压手柄轮和高压手柄轮，分别用于控制低压表、蓝色软管与中间维修黄色软管的导通状态和高压表、红色软管与中间维修黄色软管的导通状态。

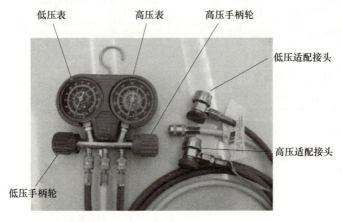

图 6-15　空调压力表组

资源 6-7　汽车空调维修

空调压力表组在连接到车辆之前,适配接头必须处于关闭位置。

1)逆时针转动适配接头的旋钮,关闭适配接头,如图 6-16 所示。

2)将适配接头放在车辆的维修端口上,蓝色适配接头连接到空调制冷系统的低压侧维修端口。红色适配接头连接到空调制冷系统的高压侧维修端口。

3)用手指拉起适配接头的外圈,安装适配接头,然后释放外圈。拉动适配接头,检查适配接头是否正确入座,如图 6-17 所示。

4)为了获得最大流量,顺时针转动适配接头的旋钮到底,开启适配接头,如图 6-18 所示。

5)在手柄轮关闭的状态下,读取压力表的数值。

6)使用温度/压力图表,找到对应的温度值。

7)根据制造厂规定进行操作,比较这些压力值和温度值。

图 6-16　适配接头关闭

图 6-17　适配接头安装

图 6-18　开启适配接头

6. 记录与分析

完成空调制冷系统温度、压力检测并填表 6-4。

表 6-4　制冷装置各部位温度检测

序号	测量部位名称	温度测量值/℃	说明
1	高压管		
2	低压管		
3	压缩机本体		
4	压缩机进气管		
5	压缩机出气管		
6	冷凝器上部		
7	散热器上部		
8	仪表台中央出风口(左侧)		
9	膨胀阀		

将40134A高低压表组件中的高低压管接入到被测量车辆的空调制冷系统的高低压管路中,红色的接高压管,蓝色的接低压管。测量记录空调制冷系统压力,填入表6-5中。

表6-5 制冷系统压力检测

项目		空调系统静态压力		空调制冷系统运行5 min后系统压力	
		高压侧	低压侧	高压侧	低压侧
测量数据(单位:MPa)					
测量数据(单位:bar)					
检测结果		可能故障原因		维修策略	
空调高压侧压力偏高	低压偏高	制冷系统中有空气		检修制冷系统的管路的密闭性,重新加注制冷剂	
		制冷剂加注过多		排放过多的制冷剂	
		冷冻油加注过多		排放过多的冷冻油	
		膨胀阀开度过大		更换膨胀阀	
	低压偏低	膨胀阀之前的高压管堵塞 膨胀阀堵塞 膨胀阀开度过小		清洗或更换堵塞的高压管 更换膨胀阀	
空调高压侧压力偏低	低压偏高	压缩机缺冷冻油 压缩机损坏		补充压缩机冷冻油 更换压缩机	
	低压偏低	制冷剂加注量不足 制冷剂泄漏		重新加注空调制冷剂 检修空调制冷系统泄漏状况,更换泄漏的空调制冷系统元件	
	低压真空	膨胀阀严重脏堵 膨胀阀冰堵 蒸发器温度传感器故障 低压管路堵塞		更换膨胀阀 延长系统抽真空时间,按标准加注空调制冷剂 更换储液干燥器 更换蒸发器温度传感器 清洗或更换堵塞的低压管	

项目3 空调制冷系统泄漏检查

1. 项目说明

空调制冷系统出现泄漏会对环境造成影响,一旦空调制冷系统中的制冷剂泄漏达到一定的程度,将会使空调制冷系统制冷不正常,影响空调制冷效果。

测试制冷剂泄漏的方法有很多种,有经验的维修技师通过观察对泄漏进行探测,最简单的泄漏测试方法是肥皂水气泡检测法。还可以通过对系统进行抽真空,以真空保持程度来判断有没有出现泄漏情况。当缓慢泄漏或查找困难时,可采用气体泄漏测试仪、荧光检漏仪进行空调制冷系统泄漏测试,以便快速、准确地找到空调制冷系统的泄漏点,尽快进行相应的维修，提高维修质量，减少环境污染。

荧光检漏测试常采用荧光检漏仪进行作业，将示踪染料注入空调制冷系统，染料将会随制冷剂在空调制冷系统中循环，当空调制冷系统存在泄漏或存在过泄漏时，染料遗留在漏点处。高强度的紫外光照射到染料上将产生颜色变化，这样就可以迅速测出车辆空调制冷系统的泄漏点了。

2. 技术要求

1）正确使用各种检漏设备。

2）能在 30 min 内利用各种检漏设备进行检漏。

3. 设备器材

空调制冷系统泄漏检查的设备器材见表6-6。

表6-6 空调制冷系统泄漏检查的设备器材

序号	设备器材	数量	备注
1	电子自动控制空调制冷系统实训台架	1台	
2	教学用整车（市场主流车型）	1辆	
3	TIFXP-1A 气体泄漏测试仪	1套	
4	16380 荧光测漏仪	1个	
5	40134A 高低压表组	1套	
6	15121A 真空泵	1台	
7	220 V 电源插座	1个	
8	通用维修工具	1套	

4. 作业准备

1）停车，打开发动机盖。　　　　　　　　　□任务完成

2）铺上护套。　　　　　　　　　　　　　　□任务完成

3）检查车辆是否平稳。　　　　　　　　　　□任务完成

4）车辆停在通风阴凉的地方。　　　　　　　□任务完成

5. 操作步骤

（1）抽真空测试空调制冷系统的泄漏

1）从系统中回收所有剩余的制冷剂。

2）将高、低压表组件中的高、低压管接入到被测量车辆空调制冷系统的高、低压管路中，红色的接高压管，蓝色的接低压管。

3）将中央维修软管（黄色软管）接到真空泵上，将真空泵连接上电源。

4）把高、低压力表组的阀门都打开，使真空泵工作，直到有一个约 30 mmHg 的真空达 2 min 为止。

5）关闭两个手动阀门，等待 5 min，重新检查真空度，如真空度没有变化说明空调制冷系统密封良好。如真空减弱较严重，检查软管接头和真空泵，如果连接良好，则说明空调制冷系统有泄漏。

(2) 使用电子泄漏测试仪检测系统的泄漏

1) 确保系统内有足够的制冷剂来产生正常的压力（至少 345 kPa）。对于无制冷剂的系统，需补充加注制冷剂为总加注量的 7%~10%。

2) 使系统工作直到产生正常的压力。

注意： 在通风干燥的空间进行泄漏测试。如果这个空间已被制冷剂污染，则用风扇把过度的制冷剂吹走。在寻找泄漏时应关闭发动机。

3) 用干布把油污清洁干净，残余的溶剂可能会干扰泄漏测试仪。

4) 检查并确保泄漏探测器、气体泄漏测试仪的探测头和过滤器是干净的。

5) 打开气体泄漏测试仪，并进行调整和校准。图 6-19 所示为电子卤素检漏仪。

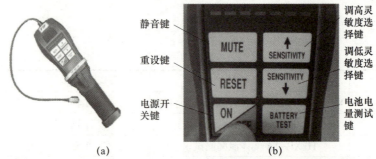

图 6-19 电子卤素检漏仪

(a) 电子卤素检漏仪；(b) 电子卤素检漏仪操作面板

6) 测试时从一个方便的位置开始检测，按连续路径进行，以确保不会漏掉任何可能的泄漏点，如图 6-20~图 6-23 所示。

图 6-20 压缩机接口检测

图 6-21 维修接口检测

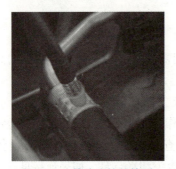

图 6-22 管路连接处检测

图 6-23 压缩机转轴处检测

7）把气体泄漏测试仪的探针放在被检查部位的下面，沿管路移动探针，每隔 6 mm 左右做一个停顿，确保泄漏探测仪的探针不接触被检查的部位。

8）在检查特殊位置时，用手将探针静止 5 s。

9）检测系统所有部位是否有泄漏。

注意：气体检漏仪对下列物质非常敏感：前风窗清洗剂、大多数的溶剂和清洁剂、车辆上使用的某些黏合剂。为防止虚假警报，应清洗并干燥所有表面。

（3）使用荧光检漏仪检测系统的泄漏

为执行泄漏测试，应确保车辆空调制冷系统中至少有 0.45 kg（1 b①）的制冷剂。

注意：R-134a 泄漏检测染料需要一定时间才起作用。根据泄漏速度的不同，在 15 分钟至 7 天的时间内，可能无法察觉泄漏。

请勿向空调制冷系统加注过量染料，仅注入 7.39 mL 即可。

为避免出现误诊断，用抹布和准许的荧光染料清除剂从检修端口彻底清除残留染料。

如果制冷剂不够，应重新加注制冷剂至空调制冷系统。

1）用染料注射器加入正确量的荧光染料，如图 6-24 所示。把手力注射器连接到维修口（空调低压检修口）上，操作注射器注入正确量的荧光染料后断开注射器。荧光染料有助于查明空调制冷系统中的泄漏部位。

图 6-24 荧光染料加注

2）起动发动机，让空调制冷系统运行几分钟使荧光染料充分循环，然后关闭制冷系统和发动机。

3）在寻找发光荧光剂时，要在系统上照射高强度的紫外线，使痕迹更容易显现出来。在紫外线照射下，制冷剂的泄漏表现为黄绿色光，带上黄色的护目镜会提高泄漏部位的可见度，使它更容易被发现。图 6-25 所示为泄漏部位。

图 6-25 泄漏部位

---

① 磅，1 磅 = 0.453 6 千克。

4）沿着系统管路寻找可能的泄漏部位。

在以下部位使用泄漏检测灯：

所有使用密封垫圈或O形圈的接头或连接处，所有的空调零部件，空调压缩机轴密封处，空调软管和压力开关，高低压检修端口，暖风、通风与空调制冷系统排水管（怀疑蒸发器芯有泄漏时）。

在需要检查的接头或管的后面或压缩机下面较近的位置放一个镜子，以便可以反射紫外线并检查这些隐藏的区域。

6. 实训操作结束后的清理步骤

1）将教学用车恢复原状。
2）断开相关仪器的电源线。
3）用湿布清理仪器的外表面，不要使用溶剂或水直接清理仪器。
4）清理工作现场，归还工具、设备，做好维修车间的5S管理。

7. 实训工作单

1）将高、低压表组件中的高、低压管接入到被测量车辆空调制冷系统的高、低压管路中，确认空调制冷系统中已经没有制冷剂，将中央维修管接到真空泵上，真空泵工作10 min。关闭两个手动阀门，静置10 min之后，高压表压力是_____，低压表压力是_____。该空调制冷系统是否有泄漏情况：_____。（填写"是"或"否"）

2）在已抽真空的空调制冷系统中加注入60 g的制冷剂后，记录系统的静态压力，高压侧表压力是_____，低压侧表压力是_____。起动车辆，空调系统运转10 min，记录系统的动态压力，高压侧表压力是_____，低压侧表压力是_____。

3）用气体泄漏测试仪进行空调制冷系统泄漏测试的部件有_____、_____、_____、_____、_____等。

4）把手力注射器连接到维修口上，往空调制冷系统中加注_____mL的染料。起动车辆，让空调制冷系统正常工作_____min。然后关闭系统和发动机，用紫光灯照射，寻找泄漏点。重点检查以下部位的泄漏情况：_____、_____、_____等。

项目4　空调制冷系统抽真空及制冷剂加注

1. 项目说明

在汽车空调制冷系统具体的检修过程中，离不开制冷剂的排放或回收、抽真空与加注等基本操作。汽车空调制冷系统维修时，经常需要拆开空调制冷管路，这时就需要将系统中的制冷剂加以回收。对于拆开维修的空调制冷系统或者发现缺少制冷剂的空调制冷系统，在添加新的制冷剂之前必须用真空泵完全抽空系统，目的是清除空调制冷系统内的空气和水分以及标准质量充注。完成抽真空后，在确认系统无泄漏的情况下，就可对空调制冷系统进行定量充注。

2. 技术要求

1）正确使用仪器。
2）能在90 min内完成制冷剂的回收、抽真空和充注。

3. 设备器材（见表6-7）

表6-7 （设备器材）

序号	工具、设备与器材	数量
1	电子自动控制空调制冷系统实训台架	1台
2	教学用整车（市场主流车型）	1辆
3	AC690PRO 制冷剂回收加注机	1台
4	TIF7000 数字式温度计	1套
5	10945 表式温度计	1个
6	220 V 电源插座	1个
7	通用维修工具	1套

4. 作业准备

1）停车，打开发动机盖。　　　　　　　　　　　□任务完成

2）铺上护套。　　　　　　　　　　　　　　　　□任务完成

3）检查车辆是否平稳。　　　　　　　　　　　　□任务完成

4）车辆停在通风阴凉的地方。　　　　　　　　　□任务完成

5. 操作步骤

在使用 AC690PRO 进行空调制冷系统回收、抽真空、加注之前，应做好设备的准备工作。参考设备的使用说明书，在开始使用 AC690PRO 加注机之前，对其进行相关设置。图 6-26 所示为空调多功能加注机。

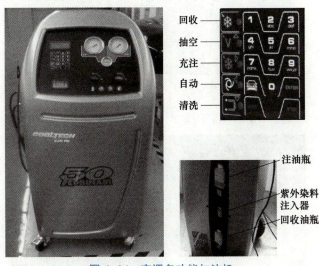

图 6-26 空调多功能加注机

（1）制冷剂回收

1）回收空调制冷系统内的制冷剂，按"［回收］"功能键，"回收"指示灯亮（见图 6-27），

屏幕上会出现提示连接高低维修软管的信息（见图 6-28）。

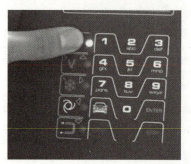
图 6-27 制冷剂回收

图 6-28 制冷剂回收信息

2）连接空调制冷系统的 T1 低压软管和 T2 高压软管，如图 6-29 所示。

（a）

（b）
图 6-29 维修阀连接
（a）从多功能充注机上取下维修阀；（b）将维修阀连接到高、低压管路上

3）打开软管快速接头 T1 和 T2 上的阀门，如图 6-30 所示。

图 6-30 打开维修阀

4）打开加注机上的高压和低压阀门。图 6-31 所示为多功能加注机高、低压维修阀。

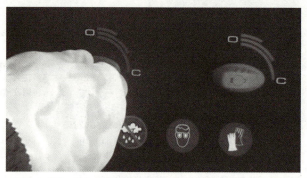
图 6-31 多功能加注机高、低压维修阀

5）按"［Enter］"键，自我清洁功能随即启动。图6-32所示为多功能加注机管路自清洁信息。

图6-32　多功能加注机管路自清洁信息

6）如果系统内没有压力，这个功能不会启动，这种情况下屏幕上会出现一条信息，以提示操作者。

7）自我清洁结束后，制冷剂回收开始。图6-33所示为制冷剂回收信息。

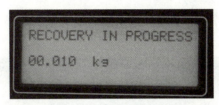

图6-33　制冷剂回收信息

8）回收结束时冷冻油自动排出，然后检查压力值。图6-34所示为冷冻油排出和压力检查信息。

9）油瓶电子秤会保存排出油的重量值，如图6-35所示。

图6-34　冷冻油排出和压力检查信息

图6-35　排出油的重量值

10）当等待时间已满：

如果压力上升，本功能会自动重新启动。

如果压力值没有变化，屏幕会显示回收的制冷剂数量。

11）回收结束（见图6-36），关闭加注机上的阀门。按"［停止］"键返回"待机"页。

图6-36　回收结束信息

(2) 空调制冷系统抽真空

空调制冷系统抽真空，按"[抽真空]"功能键，"抽真空"指示灯亮，如图6-37所示。

图6-37　系统抽真空

1) 屏幕上会出现提示操作者连接高、低压维修软管的信息（见图6-38），按回车键显示下一个信息。

图6-38　抽真空管路选择信息

2) 打开单元上的高压和低压阀门（见图6-39），按"[Enter]"键。

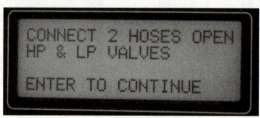

图6-39　打开阀门信息

3) 如果系统内有压力，这个功能不会启动，在这种情况下屏幕上会出现一条信息，以提示操作者。

4) 输入抽真空时间。图6-40所示为抽真空时间的设定信息。

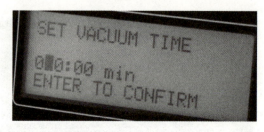

图6-40　抽真空时间的设定信息

5）按"［Enter］"键确认开始抽真空，抽真空结束后检测系统真空度，观察系统是否有泄漏，图 6-41 所示为系统检漏信息。

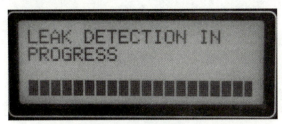

图 6-41　系统检漏信息

6）确认系统没有泄漏，关闭加注机上的阀门，按回车键打印，按"［停止］"键返回"待机"页。图 6-42 所示为抽空结束信息。

图 6-42　抽空结束信息

（3）加注冷冻油和制冷剂

加注冷冻油和加注制冷剂，按"［加注］"功能键，"加注"指示灯亮，如图 6-43 所示。

图 6-43　制冷剂加注

1）屏幕上会出现提示高、低压软管连接的信息（见图 6-44），按回车键显示下一条信息。

图 6-44　制冷剂加注管路选择信息

2）检查高低压软管是否连接，并打开高、低压软管上的阀门。图 6-45 所示为打开阀门信息。

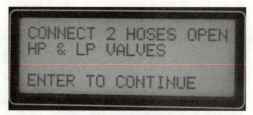

图 6-45　打开阀开信息

3）按"［加注］"键。屏幕显示信息，要求确认是否注入荧光染料，图 6-46 所示为荧光染料注入选择信息，选择"2-NO"不注入荧光染料。

选择"1-YES"注入紫外染料。

选择"2-NO"不注入紫外染料。

图 6-46　荧光染料注入选择信息

4）屏幕显示信息，要求确认是否注油。图 6-47 所示为冷冻油注入选择信息，选择"1-YES"注油，按教学车型选择合适的注油量，也可以参考所抽出的油量确定需注油的量。

图 6-47　冷冻油注入选择信息

选择"1-YES"注油。按数字键选择注油的数量（屏幕会显示默认放油量值），然后按"［多功能］"键改变默认值，按回车键确认。

选择"2-NO"取消注油。

5）屏幕显示信息，要求输入制冷剂加注数量。图 6-48 所示为制冷剂加注量设置，按车型选择合适的制冷剂加注量。

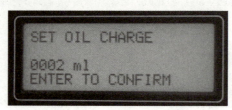

图 6-48　制冷剂加注量设置

6）输入要加注的制冷剂数量，如图 6-49 所示，然后按回车键确认。

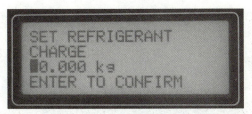

图 6-49 输入要加注的制冷剂数量

注意：如果是通过数据库选择的车型，屏幕会自动显示选定的汽车要充注的冷却剂数量。

如果加注过程中出现误差，设备会停止工作并显示相关误差信息。

7）依次执行所有操作，最后显示制冷剂加注量和充油值，如图 6-50 所示。

8）关闭多功能加注机上的阀门，检查高低压压力值，并做好记录。关闭高、低压管上的阀门，取下高、低压软管，如图 6-51 所示，按"回车"键确认。

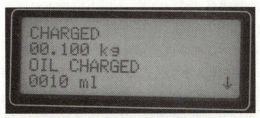

图 6-50 制冷剂加注量和充油值

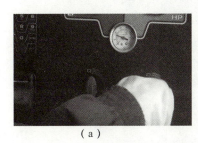 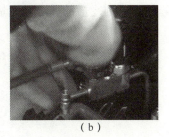

(a)　　　　　　　　　(b)

图 6-51 关闭阀门，取下高、低压软管

(a) 关闭阀门；(b) 取下高、低压软管

9）清洁高、低压软管。图 6-52 所示为管路清洁信息。

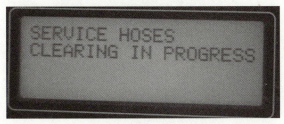

图 6-52 管路清洁信息

10）管路清洁完成（图 6-53 所示为管路清洁结束信息），关闭所有阀门，按"[STOP]"键退出。

学习任务 6　汽车空调制冷系统故障检修

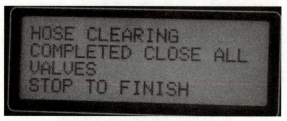

图 6-53 管路清洁结束信息

11）清理工作场地，做好 5S 管理。

6. 实训工作单

1）AC690PRO 制冷剂回收加注机_____色的管子接车辆空调制冷系统的高压管，_____色的管子接车辆空调制冷系统的低压管。

2）执行制冷剂回收操作，从车辆上回收的制冷剂量是_____g。

3）执行抽真空设置的时间是_____min，压力值检查时间一过，显示在屏幕上的检查结果是_____。回收的制冷剂油是_____g。

4）在 AC690PRO 制冷剂回收加注机上设置制冷剂加注量是_____g，制冷剂加注量是_____g。加注完毕，车辆在怠速运行状态下，在 AC690PRO 制冷剂回收加注机上显示的空调制冷系统高压侧压力是_____，低压侧压力是_____。车辆在转速为 2 000 r/min 时，在 AC690PRO 制冷剂回收加注机上显示的空调制冷系统高压侧压力是_____，低压侧压力是_____。

5）你所维修的车辆制冷剂的标准加注量是_____。

学习任务 7

汽车风窗洗涤刮水装置故障检修

一辆爱丽舍轿车，在接通点火开关后再接通刮水器控制开关的间歇挡时，刮水臂以低速状态不停地运动，无间歇功能。当刮水器控制开关置于低速（LO）挡和高速（HI）挡时，刮水臂运动正常。关闭刮水器控制开关后，刮水臂不能自动复位，并以低速状态运动，必须关闭点火开关刮水臂才能在任意位置停止转动。再接通点火开关，刮水臂不再运动。驾驶员现将车开到东风雪铁龙服务站，与服务顾问沟通后，服务顾问开出工单要求你解决此故障。

通过本任务学习，应能：
1. 描述爱丽舍轿车风窗刮水装置的结构特点。
2. 进行刮水装置电路简单分析。
3. 进行刮水装置故障原因分析，能读懂给定的诊断检查文案。
4. 根据维修手册，正确选用工具和检测设备，在 30 min 内安全规范地进行刮水装置技术状况的检测。
5. 向客户介绍刮水装置使用注意事项。
6. 向客户解释故障判断及处理结果。

 4 学时

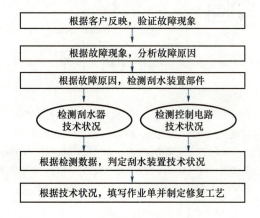

一、知识准备

1. 风窗洗涤刮水装置的工作过程

图 7-1 所示为爱丽舍轿车风窗洗涤刮水装置控制电路。由图 7-1 可以看出，刮水器控制开关有 5 个挡位，其中 2 挡为高速运转；1 挡为低速运转；INT 为间歇挡；0 为复位停止挡；Δ 为点动挡。

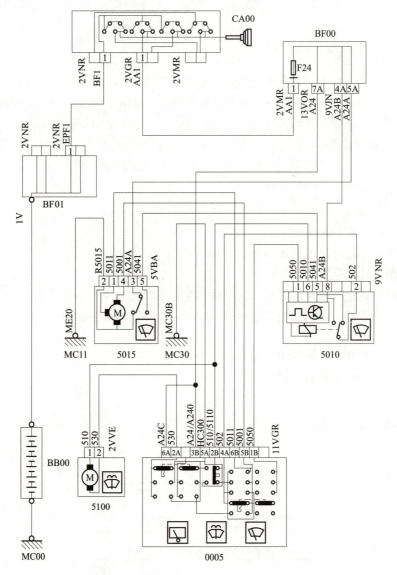

图 7-1　爱丽舍轿车风窗洗涤刮水装置电路

MC00，MC11，MC30—接地点；BB00—蓄电池；BF01—发动机舱保险丝盒；CA00—防盗点火开关；
BF00—座舱保险丝盒；5015—刮水电动机；5010—刮水间歇继电器；0005—刮水器控制开关；
5100—前风窗洗涤泵；11VGR—11 通道灰色插接器；2VVE—2 通道绿色插接器；
9VNR—9 通道黑色插接器；5VBA—5 通道白色插接器

(1) 刮水器控制开关在点动挡

将点火开关置于 ON 位置，接通刮水器控制开关的电源电路。此时若将刮水器控制开关拨至点动挡，蓄电池将通过刮水器控制开关向刮水电动机放电。其电流路径为：蓄电池正极→发动机舱保险丝盒 BF01→点火开关 2VGR-1→座舱保险丝盒 BF00-F24→座舱保险丝盒（BF00）13VOR-7A→刮水器控制开关 11VGR-3B→刮水器控制开关点动挡触点→刮水器控制开关 11VGR-5B→导线 5001→刮水电动机 5VBA-4→刮水电动机低速电刷→刮水电动机电枢绕组→刮水电动机搭铁电刷→刮水电动机 5VBA-2→MC11 搭铁→蓄电池负极，此时电动机以低速运转。

当手离开刮水器控制开关时，开关将自动回到零位，如果此时刮水片处在影响驾驶员视线的位置上，自动复位装置的常闭触点打开，常开触点闭合，刮水电动机电枢内继续有电流流过，其电流路径为：蓄电池正极→发动机舱保险丝盒 BF01→点火开关 2VGR-1→座舱保险丝盒 BF00-F24→BF00 座舱保险丝盒 9VJN-5A→刮水电动机 5VBA-3→刮水电动机自动复位装置常开触点→刮水电动机 5VBA-5→刮水间歇继电器（5010）9VNR-5→刮水间歇继电器常闭触点→刮水间歇继电器（5010）9VNR-2→刮水器控制开关 11VGR-4A→刮水器控制开关零位触点→刮水器控制开关 11VGR-5B→导线 5001→刮水电动机 5VBA-4→刮水电动机低速电刷→刮水电动机电枢绕组→刮水电动机搭铁电刷→刮水电动机 5VBA-2 号→MC11 搭铁→蓄电池负极，此时电动机仍以低速运转，只有当自动复位装置处在零位时，刮水电动机方可停止运转。

(2) 刮水器控制开关在间歇挡

当刮水器控制开关拨至 INT（间歇挡）挡时，电子式间歇继电器投入工作，其触点不断开闭。当间歇继电器的常闭触点打开，常开触点闭合时，蓄电池向电动机的放电电路为：蓄电池正极→发动机舱保险丝盒 BF01→点火开关 2VGR-1→座舱保险丝盒 BF00-F24→BF00 座舱保险丝盒 9VJN-4A→刮水间歇继电器（5010）9VNR-8→刮水间歇继电器常开触点→刮水间歇继电器（5010）9VNR-2→刮水器控制开关 11VGR-4A→刮水器控制开关 INT 挡触点→刮水器控制开关 11VGR-5B→导线 5001→刮水电动机 5VBA-4→刮水电动机低速电刷→刮水电动机电枢绕组→刮水电动机搭铁电刷→刮水电动机 5VBA-2→MC11 搭铁→蓄电池负极，电动机以低速运转。当间歇继电器断电，其触点复位（常闭触点闭合，常开触点断开）时，电动机停止运转。在此过程中，自动复位装置的工作与点动时相同。在间歇继电器的作用下，刮水电动机每 6 s 使曲柄旋转一周。

(3) 刮水器控制开关在低速挡

当刮水器控制开关拨至 1 挡（低速挡）时，蓄电池仍然通过刮水器控制开关向刮水电动机放电。其电路为：蓄电池正极→发动机舱保险丝盒 BF01→点火开关 2VGR-1→座舱保险丝盒 BF00-F24→座舱保险丝盒（BF00）13VOR-7A→刮水器控制开关 11VGR-3B→刮水器控制开关 1 挡触点→刮水器控制开关 11VGR-5B→导线 5001→刮水电动机 5VBA-4→刮水电动机低速电刷→刮水电动机电枢绕组→刮水电动机搭铁电刷→刮水电动机 5VBA-2→MC11 搭铁→蓄电池负极，此时电动机以低速运转。

(4) 刮水器控制开关在高速挡

当刮水器控制开关拨至 2 挡（高速挡）时，蓄电池向刮水电动机放电电路为：蓄电池正极→发动机舱保险丝盒 BF01→点火开关 2VGR-1→座舱保险丝盒 BF00-F24→座舱保险丝盒（BF00）13VOR-7A→刮水器控制开关11VGR-3B→刮水器控制开关2挡触点→刮水控制开关11VGR-6B→导线5011→刮水电动机5VBA-1→刮水电动机高速电刷→刮水电动机电枢绕组→刮水电动机搭铁电刷→刮水电动机5VBA-2→MC11搭铁→蓄电池负极，此时电动机以高速运转。

(5) 刮水器控制开关在复位停止挡

当刮水器控制开关回到零位时，如果此时刮水片处在影响驾驶员视线的位置上，自动复位装置的常闭触点打开，常开触点闭合，刮水电动机电枢内继续有电流流过，其放电电路如上所述。只有当自动复位装置处在图 7-1 所示位置时，刮水电动机方可停止运转。

2. 风窗洗涤刮水装置常见的损伤形式

现代轿车的风窗洗涤刮水装置主要由微型直流电动机、涡轮箱、曲柄、连杆、摆杆、摆臂及雨刮臂、控制电路、控制开关组成。常见的损伤形式有：直流电动机的电刷磨损过大、折断；换向器脏污、磨损；电枢绕组断路或短路；输出齿轮与蜗轮啮合不良、运动卡滞；自动复位装置触点接触不良；控制电路导线断路、短路；插接器连接松动，接点氧化、锈蚀造成接触不良；控制开关触点氧化、锈蚀，触点臂弹性差造成接触不良等。

(1) 雨刮臂的损伤

风窗洗涤刮水装置的雨刮臂包括刮水臂和刮片，如图 7-2 所示。

图 7-2　雨刮臂的组成

刮水臂是刮水传动机构和刮水片之间的连接件，其作用是支撑刮水片，使刮水片贴在风窗玻璃上。刮水臂的固定部分将刮水臂拧到支承轴的圆锥体上，一般采用铝合金压铸件加工而成，与支承轴的连接方法为细齿花键连接，或者为锥形头连接。其损伤形式主要是细齿花键损坏或锥形头磨损过大，造成连接点松动、打滑，从而导致雨刮臂无法正常转动；刮水臂的另一损伤是安装时连接雨刮片的一端没有调整好雨刮片和玻璃的角度，在工作过程中产生抖动。

刮水片材质一般为氯丁橡胶和天然橡胶配制而成的合成橡胶，其作用是将挡风玻璃刮刷干净并保持汽车高速或其他工况时不起伏，且具有很小或没有振动。

刮水片的主要损伤形式及原因如下：

雨水及空气中的（沙、泥、灰尘、异物）对刀口的磨损；

雨水及清洗液浸泡（含酸或碱等成分）对胶条的腐蚀；

寒冷低温（雪、冰）使胶条变硬、变脆，高温导致橡胶龟裂、硬化；

紫外线、臭氧引起的胶条损伤，以及无数次的往返循环工作对胶条的正常磨损及疲劳。

摇臂压力使胶条长期受压，阳光中 UV 段光谱的紫外线及温、湿度对支架涂层造成变色、亮度/强度下降、开裂、剥落、粉化、氧化。

(2) 直流电动机的损伤

刮水直流电动机换向器的损伤形式主要是烧蚀、磨损过大或脏污，如图 7-3 所示。直流电动机换向器的烧蚀主要是由于直流电动机的电刷与换向器表面间产生的火花引起的，当火花在电刷上的范围很小时，对电动机运行不会有什么影响；但当火花在电刷上的范围较大时，尤其是放电性的红色电弧火花，会加速换向器的烧蚀。

引起电火花的原因主要有：换向器表面有油污、异物、胶水、毛刺；换向器槽内有毛刺或铜屑造成短路；转子绕组有虚焊；电刷套与电刷配合偏松或偏紧，电刷与换向器精车面接触不良。

图 7-3 换向器损伤

刮水直流电动机电枢绕组常见的损伤形式有绕组短路、断路、搭铁和线头脱焊，电枢甩线等，如图 7-4 所示。

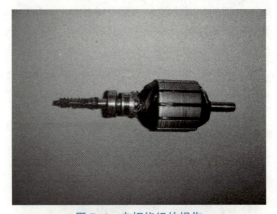

图 7-4 电枢绕组的损伤

电枢绕组导线断路损伤通常发生在绕组与换向片的焊接处，往往是由于线头脱焊或导线甩出后刮断造成的。

电枢绕组导线与换向器之间的连接是焊接而成的。若焊接部位有虚焊现象，电流流经虚焊处时，因为接触不良会导致短时间内产生大量热量，使换向器铜排与铜线接触表面因为高温迅速氧化，同时又进一步加快和加大了换向器铜排与铜线发热量，然后烧毁换向器内所注入塑料及嵌入铜排的铜线，而转子有相当高的转速，如此将造成甩线或换向器爆裂。

刮水电动机电刷、电刷架的主要损伤形式有：电刷破裂、电刷跳动、电刷磨损过快、电刷在电刷架内卡死、电刷弹簧断裂、电刷与连接导线断路、绝缘电刷架接地等，如图 7-5 所示。

图 7-5 电刷及电刷架的损伤

造成电刷及电刷架损伤的主要原因有：

电刷架与换向器工作面不垂直、电刷架孔变大或变形，容易引起电刷破裂；换向器凸片变形、片间云母高出、有铜刺和尖棱、电刷压力太小，容易引起电刷跳动，使电刷与换向器间的火花增大；换向器表面粗糙度高、毛刷尖角大、负载太小、无法形成氧化膜、工作环境太干燥或太潮湿，容易造成电刷磨损过快；电刷架孔变形、电刷尺寸太大、电刷太软、电刷卡在方孔内、刷辫线太短、弹簧卡住未压到电刷，易使电刷卡死在电刷架内；弹簧热处理不好、硬度不够、弹簧过热退火将造成弹簧断裂。

（3）自动复位装置的损伤

刮水电动机复位装置的作用是：当把刮水器控制开关退回到 O 挡时，如果刮水片没有停到规定的位置，复位触点与复位电源经复位环相接触，电动机仍以低速运转，直到复位电源线断开，复位线搭铁，电枢停在规定位置。

若触头磨损过大、烧蚀、脏污或弹力不足，将造成触头与触环接触不良，从而引起刮水片不能回到零位。图 7-6 所示为自动复位装置的损伤。

图 7-6 自动复位装置的损伤

（4）刮水控制开关的损伤

刮水控制开关的作用是当驱动刮水器的电动机需要时，驾驶员操作选择杆，接通或断开刮水器的工作。

图 7-7 所示为刮水控制开关的触点布置及背面接。

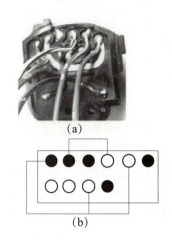

图 7-7 刮水控制开关的触点布置及背面接线

（a）背面接线；（b）开关触点电路图；（c）开关触点布置

刮水控制开关常见的损伤形式是：滑动触点变形、磨损；固定触点磨损、烧蚀、脏污；连接导线与固定触点间的焊点脱焊；控制开关外壳老化、变形、破裂。

（5）风窗刮水器系统的常见故障

风窗刮水器系统常见的故障有：刮水器在任何速度下均不工作、间断性工作、持续工作不停及刮水片不能复位等。

点火开关置 ON 挡，将刮水器控制开关拨至各个挡位，刮水电动机均不工作。出现此故障现象的原因有：

1）刮水电动机电枢绕组断路、电刷磨损过大与换向器不能接触。

2）保险丝烧毁。

3）线路连接松动、断线或搭铁不良。

4）刮水开关接触不良或继电器触点接触不良。

机械部分的故障原因主要有：

1）蜗轮蜗杆脱离啮合或者损坏。

2）杆件连接松脱或损坏。

3）刮水片、传动机构等被卡住等。

点火开关置 ON 挡，将刮水器控制开关拨至各个挡位，刮水电动机出现刮水速度慢或刮水无力现象。导致刮水器刮水速度缓慢的原因可能是电路方面，也可能是机械方面。电路方面一般是由于接触电阻大而引起的。若故障现象为高、低速挡的速度挡都慢，应检查电源至刮水器控制开关之间的中间继电器、保险丝和刮水器控制开关连接线端子插接是否牢固可靠。

若电路方面检查正常，则应检查刮水电动机的轴承和蜗轮组的润滑情况，刮水片与风窗玻璃间的阻力、连动机构是否卡滞等。

点火开关置 ON 挡，将刮水器控制开关拨间歇挡位，如果刮水系统在间歇挡位工作不正常，而在其他挡位正常，其原因可能是：间歇继电器常开触点不能闭合或者能闭合但接触电阻太大，不能使电流通过；间歇继电器电源线路或继电器至刮水控制开关电路断路；刮水控制开关内间歇挡触点接触不良等。

二、任务实施

项目1　风窗洗涤刮水装置维护

1. 项目说明

风窗洗涤刮水装置用以清洁挡风玻璃，保持驾驶员的良好视线。雨水和空气中的沙、泥、灰尘、异物对刃口的磨损以及雨水、清洗液浸泡对胶条的腐蚀，换向器表面烧蚀、脏污及电刷磨损等引起的刮水电动机运转不良均会影响风窗洗涤刮水装置的正常工作。

2. 技术标准与要求

1）学员能在10 min内完成此项目。

2）技术标准。完成风窗洗涤刮水装置的维护并填表7-1。

表7-1　风窗洗涤刮水装置的维护

项　目	标准		检查结果
刮水器刮刷频率	20 次/min≤标准≤45 次/min		
刮刷效果	刮刷初期	整个刮刷范围内充分刮净，不出现任何刮刷残痕	
	刮刷50次后	整个刮刷范围内充分刮净，不出现任何刮刷残痕	
	刮刷100次后	允许局部出现模糊状刮痕	

3. 设备器材

能正常运转的爱丽舍轿车、计数器、常用工具等。

4. 作业准备

1）停车，打开发动机盖。　　　　　　　　　　　□任务完成

2）铺上护套。　　　　　　　　　　　　　　　　□任务完成

3）检查车辆是否平稳。　　　　　　　　　　　　□任务完成

5. 操作步骤

（1）风窗玻璃洗涤器的维护

进行风窗玻璃洗涤器的维护时，首先应目视检查系统管路连接情况，如图7-8所示。若有松动或脱落，应予安装并固定好；塑料管路若有老化、折断或破裂，应予更换。

1）洗涤器喷射状态的检查。

图 7-8 风窗洗涤系统管路的检查

起动发动机，用右手拉洗涤器开关，使得洗涤器进行工作，检查风窗洗涤器喷射压力是否足够；检查风窗洗涤器喷射时刮水器是否同时工作；喷洗区是否集中在刮水器工作范围内。图 7-9 所示为洗涤器喷射状态检查。

(a)　　　　　　　　图 7-9 洗涤器喷射状态检查　　　　　　(b)
(a) 洗涤器开关位置；(b) 洗涤器喷射状态

若风窗洗涤器喷射位置不符合要求，可在喷嘴内插入一根与喷嘴孔相匹配的钢丝，调整其喷射方向。

2）洗涤液的检查。

东风雪铁龙爱丽舍轿车风窗洗涤液无液位指示装置，检查时可按动洗涤器开关，观察是否有洗涤液喷出，若不能喷出，则应先加注适量符合规定的洗涤液。

需要注意的是洗涤液应按原车要求选用，若使用普通洗涤剂、清洁剂配制洗涤液，在进入冬季时，应予以清除，以防冻裂储液罐和塑料管路。

3）疏通喷管、软管和滤网。

定期用钢丝清除沉积在喷管、软管和滤网内的污物，用清洁水冲洗外露部位。

(2) 风窗刮水器的维护

1）检查刮水器电动机的固定及各传动杆的连接情况，如有松动，应予拧紧，如图 7-10 所示。

2）检查橡胶刮水片与玻璃贴附情况。橡胶刮水片应无老化、磨损、破裂等其他损伤现

图 7-10 刮水器电动机及传动杆的检查

象,否则应予更换。图 7-11 所示为刮水器刮片的检查。

图 7-11 刮水器刮片的检查

3) 刮水器性能检查。

如图 7-12 所示,将刮水器控制开关拨至低、高速挡及间歇挡,检查刮水器的性能是否符合要求。

（a）

（b）

图 7-12 刮水器性能的检查
（a）刮水器控制开关；（b）刮水器性能检测

当刮水器控制开关处于关闭位置时,检查刮水器是否自动停止在车窗玻璃的下沿,如图 7-13 所示。

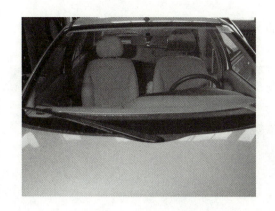

图 7-13 刮水器自动停止位置的检查

项目 2　风窗洗涤刮水装置检测

1. 项目说明

风窗洗涤刮水装置主要部件包括：刮水直流电动机、蜗轮箱、连杆、摆杆、控制电路、控制开关等。若电动机的电刷磨损、折断，换向器脏污、磨损，电枢绕组断路或短路，将造成电动机不能正常运转，使刮水装置失去作用。若自动复位装置触点接触不良将造成刮片不能停止在正常位置，影响驾驶员的视线。若风窗洗涤刮水装置部件出现不正常现象，应及时进行检测，并进行必要的修理或更换。

2. 技术标准与要求

1）学员能在 20 min 内完成此项目。
2）技术标准。完成风窗洗涤刮水装置的检测并填表 7-2。

表 7-2　风窗洗涤刮水装置的检测

项　目	标　准	检查结果
刮水器低速性能检测	20 次/min	
刮水器高速性能检测	45 次/min	

3. 设备器材

能正常运转的爱丽舍轿车、万用表、直流电源、蓄电池、常用工具等。

4. 作业准备

1）停车，打开发动机盖。　　　　　　　　　　　　□任务完成
2）铺上护套。　　　　　　　　　　　　　　　　　□任务完成
3）检查车辆是否平稳。　　　　　　　　　　　　　□任务完成

5. 操作步骤

（1）刮水电动机的不解体检测

1）低速性能检查。

如图 7-14 所示，拆下刮水器电动机的连接器，把蓄电池"+"极和"-"极分别接在 4 号端子和 2 号端子上，此时观察电动机是否低速运转。

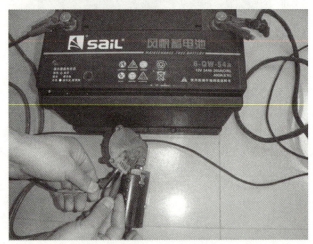

图 7-14 刮水器低速性能检查

2）高速性能检查。

如图 7-15 所示，将蓄电池"+"极和"-"极分别接在 1 号端子和 2 号端子上，此时观察电动机是否高速运转。

图 7-15 刮水器高速性能检查

3）刮水器自动复位功能检查。

拨动刮水器控制开关至低速挡，刮水器电动机低速转动，拆下刮水器电动机导线连接器，让电动机停在除了停止时的任意一个位置。用导线连接 4 号端子和 5 号端子，再将蓄电池"+"极和"-"极分别接在 3 号端子和 2 号端子上，刮水器电动机应自动回到原位并停止。图 7-16 所示为刮水器自动复位功能检查。

（2）刮水电动机的解体检测

刮水电动机不解体检测过程中，若其中一项不符合要求，应对直流电动机进行必要的解体检测。

1）电枢绕组检测。

图 7-16 刮水器自动复位功能检查

直观检测换向器工作表面，若有轻微烧蚀、拉毛或脏污现象，可用 00 号砂纸打磨（不得用金刚砂修磨），若烧蚀严重，应用车床车削修整，如图 7-17 所示。

图 7-17 换向器工作表面的检查

换向器在转动时与电刷接触，如果换向器磨损超过允许范围，则与电刷的接触性能变差，会造成起动机运转无力。如图 7-18 所示，用游标卡尺检测换向器的直径，并与标准值进行比较，若测得的直径小于最小值，则应更换电枢。

若换向器的绝缘片厚度过小，换向器转动时会引起电刷跳动而与换向器接触不良，起动机运转无力。绝缘片的厚度为 0.5~0.8 mm。

图 7-18 检查换向器直径

如图 7-19 所示，检测电枢绕组的搭铁时，可用万用表 $R \times 10$ k 挡分别测量电枢各换向片与电枢轴之间的电阻值。若万用表的读数接近于零，说明电枢绕组有搭铁故障。

2）刮水电动机电刷及电刷架检测。

电刷被弹簧压在换向器上，如果电刷磨损过大，弹簧的张力下降，电刷与换向器的接触性能变差，将导致起动机运转无力甚至无法起动。电刷的高度一般不应低于标准的 2/3，电刷的接触面积不应少于75%，并且要求电刷在电刷架内无卡滞现象。

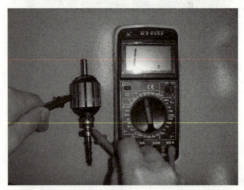

图7-19　电枢绕组绝缘性能检查

如图7-20所示，检测电刷的长度时，应将电刷清洁并用游标卡尺测量电刷的中部。

图7-20　检查电刷长度

用万用表的欧姆挡或试灯法检查绝缘电刷架的绝缘性，最后用弹簧秤测电刷弹簧的弹力，若不符合要求应予以更换或修理。

3）刮水电动机自动复位触点检测。

目视检查电动机自动复位触点是否有烧蚀、氧化现象；检查活动触点臂是否折断或失去弹性；检测嵌在驱动轮上的滑片有无断裂或烧蚀、氧化、脏污等。图7-21所示为自动复位触点检查。

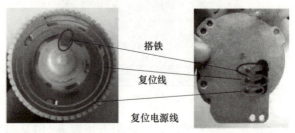

图7-21　自动复位触点检查

（3）刮水器、洗涤器开关的检测

图7-22所示为刮水器和洗涤器开关及连接器端子。检查时，将开关旋至不同的挡位，测量相应端子间的电阻值。若检查结果不符合标准，应进行更换。

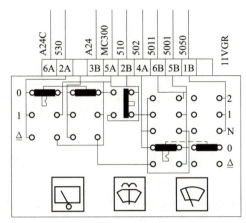

图 7-22 刮水器和洗涤器开关及连接器端子

刮水器控制开关处于 0 位时，测量 4A 端子与 5B 端子、5A 端子与 2B 端子间的电阻应为 0；将刮水器控制开关拨至 INT 挡位置，测量 4A 端子与 5B 端子、1B 端子与 3B 端子间的电阻应为 0；将刮水器控制开关拨至 I 挡位置，测量 3B 端子与 5B 端子间的电阻应为 0；将刮水器控制开关拨至 II 挡位置，测量 3B 端子与 6B 端子间的电阻应为 0；将刮水器控制开关拨至点动挡位置，测量 3B 端子与 5B 端子间的电阻应为 0。

项目 3　风窗刮水装置工作不正常故障检修

1. 项目说明

风窗洗涤刮水装置常见的故障现象有：刮水器控制开关处于任何挡位，刮水器均不工作；只有高速挡不工作；只有低速挡不工作；只有间歇挡不工作；刮水器控制开关处于任何挡位时一直工作；刮水器刮片不停在零位上；洗涤器不工作。若风窗洗涤刮水装置出现不正常现象，应及时进行检测，并进行必要的修理或更换。

资源 7-1　雨刮器故障诊断与维修

2. 技术标准与要求

1) 学员能在 30 min 内完成此项目。
2) 技术标准。完成风窗洗涤刮水装置的检测并填表 7-3。

表 7-3　风窗洗涤刮水装置的检测

项　目	标　准	检查结果
刮水器低速性能检测	20 次/min	
刮水器高速性能检测	45 次/min	
保险丝电阻	0	
24 号保险丝端子上电压	12 V	
导线导通电阻	0	

3. 设备器材

能正常运转的爱丽舍轿车、万用表、直流电源、蓄电池、常用工具等。

4. 作业准备

（1）停车，打开发动机盖。　　　　　　　　　　　　☐任务完成

（2）铺上护套。　　　　　　　　　　　　　　　　　☐任务完成

（3）检查车辆是否平稳。　　　　　　　　　　　　　☐任务完成

5. 操作步骤

（1）检查刮水器的工作状况

将点火开关置于 ON 位置，将洗涤刮水开关拨至各挡位，检查刮水器的工作状况，如图 7-23 所示。

当洗涤器开关处于打开位置时，洗涤器向挡风玻璃喷淋清洗液，刮水器低速工作。断开洗涤器开关后，洗涤器停止工作，刮水器刮洗数次后返回停止位置。

当刮水器控制开关置于间歇挡位置时，刮水器完整地扫过一次后暂停 1~22 s，再进行下次刮扫。

当刮水器控制开关置于低速挡位置时，刮水器低速运行。

当刮水器控制开关置于高速挡位置时，刮水器高速运行。

当将刮水器控制开关置于关闭挡位置时，刮水器以低速返回停止位置。

（a）　　　　　　　　　　　　　　　　　（b）

图 7-23　检查洗涤刮水器的工作状况

（a）刮水器控制开关位置；（b）刮水片状态

（2）多种刮水器故障的诊断步骤

1）若出现刮水器控制开关处于任何挡位时洗涤器和刮水器均不工作的现象，则按下述步骤进行诊断检查。

①检查 BF00 座舱保险丝盒 24 号保险丝是否断路。如图 7-24 所示，拆下 24 号保险丝，检查保险丝插片处是否氧化、烧蚀；用万用表电阻挡测量保险片是否断路。

②将点火开关置于 ON 位置，测量 BF00 座舱保险丝盒 24 号保险丝端子上的电压，应为蓄电池电压，否则检测点火开关处 2VGR-1 端子处的电压，如图 7-25 所示。

图 7-24　检查保险丝是否断路

图 7-25 检查保险丝处电压

③拆下刮水器控制开关插接器,将点火开关置于 ON 位置,测量 11VGR 插接器上 3B 端子的电压,其电压值应为蓄电池电压,如图 7-26 所示。

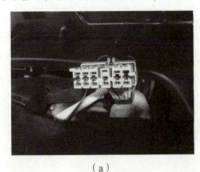 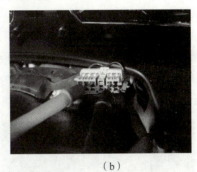

（a） （b）

图 7-26 检查 11VGR 插接器上 3B 端子的电压

（a）11VGR 插接器；（b）测量 11VGR 插接器 3B 端子的电压

④若 11VGR 插接器上 3B 端子的电压为 0,则应检查险丝盒处 13VOR 插接器上 7A 端子与刮水器控制开关处 11VGR 插接器上 3B 端子间的导线是否导通,如图 7-27 所示。

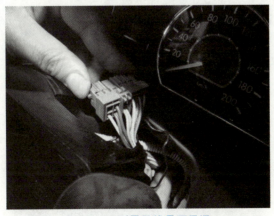

图 7-27 测量导线是否导通

⑤若 11VGR 插接器上 3B 端子的电压为 12 V,则应拆下刮水器控制开关,检查刮水器控制开关插接器端子至触点间是否断路,如图 7-28 所示。

图 7-28　检查刮水器开关端子与触点间的导通状况

2）若出现洗涤刮水器控制开关处于Ⅱ挡位时，刮水器不工作，而其他挡位工作均正常的现象，则按下述步骤进行诊断检查。

①拔下刮水电动机处的插接器 5VBA，将点火开关置 ON 挡，刮水器控制开关处于Ⅱ挡位，测量插接器 5VBA 处 1 端子与蓄电池负极间的电压，如图 7-29 所示。若电压为 12 V，则再测量 1 端子与 2 端子间的电压，若电压为 0，则检查 2 端子与蓄电池负极是否导通，如图 7-30 所示。

图 7-29　检查插接器 5VBA 处 1 端子与蓄电池负极间的电压

资源 7-2　雨刮器高速挡不工作的诊断与排除

图 7-30　检查插接器 2 端子与蓄电池负极间的导通状况

②若插接器 5VBA 处 1 端子上的电压为 0，则将刮水器控制开关处于Ⅱ挡位，检查刮水器控制开关 3B 端子与 6B 端子间是否导通，如图 7-31 所示。

图 7-31　检查刮水器开关 3B 端子与 6B 端子间的导通状况

③若刮水器控制开关 3B 端子与 6B 端子间的电阻为 0，说明其触点接触正常，则应检查刮水器控制开关至刮水电动机间的导线是否导通。用万用表电阻挡测量 11VGR 插接器 6B 端子与 5VBA 插接器 1 端子间的电阻，若电阻为∞，则为导线断路；若电阻为 0，则导线为正常。

④以上检查均正常，则应拆检刮水电动机，检查电动机的高速电刷是否折断或磨损过大，弹簧是否过软或折断等。

3）若出现洗涤刮水器控制开关处于Ⅰ挡位时刮水器不工作，而其他挡位工作均正常的现象，则按下述步骤进行诊断检查。

①拔下刮水电动机处的插接器 5VBA，将点火开关置 ON 挡，刮水器控制开关处于Ⅰ挡位，测量插接器 5VBA 处 4 端子与蓄电池负极间的电压，如图 7-32 所示。若电压为 12 V，则再测量 4 端子与 2 端子间的电压，若电压为 0，则检查 2 端子与蓄电池负极是否导通，如图 7-33 所示。

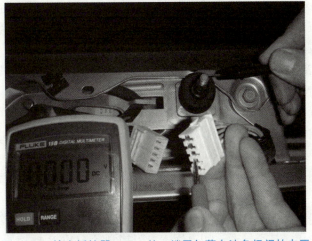

图 7-32　检查插接器 5VBA 处 4 端子与蓄电池负极间的电压

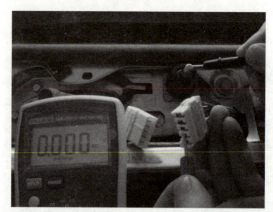

图 7-33 检查刮水器 2 端子与蓄电池负极间的导通状况

②若插接器 5VBA 处 4 端子上的电压为 0,则将刮水器控制开关处于 I 挡位,测量刮水器控制开关 3B 端子与 5B 端子间是否导通,如图 7-34 所示。

图 7-34 检查刮水器开关 3B 端子与 5B 端子间的导通状况

③若刮水器控制开关 3B 端子与 5B 端子间的电阻为 0,说明其触点接触正常,则应检查刮水器控制开关至刮水电动机间的导线是否导通。用万用表电阻挡测量 11VGR 插接器 5B 端子与 5VBA 插接器 4 端子间的电阻,若电阻为∞,则为导线断路;若电阻为 0,则导线正常。

④以上检查均正常,则应拆检刮水电动机,检查电动机的低速电刷是否折断或磨损过大,弹簧是否过软或折断等。

4)若出现洗涤刮水器控制开关处于间歇挡位时刮水器不工作,而其他挡位工作均正常的现象,则按下述步骤进行诊断检查。

①将点火开关置 ON 挡,测量插接器 9VJN 处 4 端子与蓄电池负极间的电压。若电压为 12 V,则再测量间歇继电器处 9VNR 插接器 8 端子与搭铁间的电压,若电压为 0,则检查两端子间的导线是否导通。

②将刮水器控制开关拨至间歇挡位,测量刮水器控制开关 3B 端子与 1B 端子间、4A 端子与 5B 端子间是否导通,如图 7-35 所示。

③若刮水器控制开关端子的电阻为 0,说明其触点接触正常,则应检查刮水器控制开关至刮水间歇继电器的导线是否导通。用万用表电阻挡测量 11VGR 插接器 1B 端子与 9VNR 插接器 1 端子间的电阻,若电阻为∞,则为导线断路;若电阻为 0,则导线正常。

图 7-35　检查刮水器开关 3B 端子与 1B 端子间、4A 端子与 B 端子间的导通状况

④以上检查均正常，则应检查间歇继电器是否损坏，可更换新件进行对比试验。

5）若出现洗涤刮水器控制开关处于零挡位时刮水片不能停止在规定位置，则按下述步骤进行诊断检查。

①将洗涤刮水器控制开关置于 I 挡位，当刮片处于不同位置时，再将洗涤刮水器控制开关拨至零挡位，观察刮水片是否处于不同的位置。若刮水片处于不同的位置，则为刮水片不能停止在零位。

②首先直观检查刮水臂与支撑轴的连接是否松动，如图 7-36 所示。

图 7-36　检查刮水臂与支撑轴的连接是否松动

③拆下刮水器电动机上 5VBA 插接器，点火开关置 ON 挡，检查 5VBA 插接器 3 号端子处的电压。若电压为 0，则应检查保险丝盒 9VJN 插接器 5A 端子上的电压及导线 A24A 是否断路。

④若 5VBA 插接器 3 号端子处的电压为 12 V，则应检查刮水器电动机自动复位装置常开触点是否闭合。其方法是拆下插接器 5VBA，在电动机的 4 端子与 2 端子上接 12 V 电源，使其转动，断电使其停止转动后测量 3 端子与 5 端子间的电阻值。若电阻值为 0，则常开触点能闭合，若电阻为∞，则常开触点不能闭合，应拆开检查其工作状况，如图 7-37 所示。

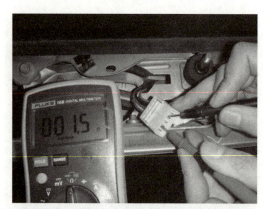

图7-37 检查自动复位装置常开触点是否闭合

⑤若常开触点能正常闭合,则应拆下刮水器控制开关,将其置于0挡位,检查4A与5B两端子间的电阻值,若电阻值为0,说明刮水器控制开关零位触点正常。若电阻值为∞,则说明其触点不能正常闭合,应拆开检修。

参 考 文 献

[1] 李春明. 汽车电气设备与维修 [M]. 西安：西安电子科技大学出版社，2006.

[2] 胡光辉. 汽车电气设备构造与维修 [M]. 北京：机械工业出版社，2006.

[3] 吴涛. 汽车电气设备与维修 [M]. 西安：西安电子科技大学出版社，2006.

[4] 周建平. 汽车电气设备构造与维修 [M]. 北京：人民交通出版社，2002.

[5] 于万海. 汽车电气设备原理与检修 [M]. 北京：电子工业出版社，2005.

[6] 赵福堂. 汽车电器与电子原理 [M]. 北京：高等教育出版社，2004.

[7] 梁家荣. 汽车空调 [M]. 北京：机械工业出版社，2008.

[8] 任惠珠. 汽车空调构造与维修 [M]. 北京：中国劳动社会保障出版社，2007.

[9] 董宏国. 汽车防盗系统维修图解 [M]. 北京：电子工业出版社，2004.

[10] 冀旺年. 汽车车身电气设备系统及附属电气设备 [M]. 北京：电子工业出版社，2005.

[11] 高洪一，康国初. 汽车电子技术 [M]. 北京：北京交通大学出版社，2007.

[12] 武长河，高洪一. 汽车检测与诊断技术 [M]. 北京：北京交通大学出版社，2008.

[13] 康国初，李建兴. 汽车电器与电子控制技术 [M]. 北京：机械工业出版社，2005.

[14] 金城仁，陈庆来. 广州本田轿车维修问答 [M]. 沈阳：辽宁科学技术出版社，2002.

[15] [美] 米切尔维修信息公司. 奥迪 A4、A6 轿车维修手册 [M]. 北京：机械工业出版社，2002.

汽车电气系统检修
学习评价

班级＿＿＿＿＿＿＿＿＿＿

姓名＿＿＿＿＿＿＿＿＿＿

目录
CONTENTS

学习任务 1　汽车电路故障检修方法 …………………………… 001
　　三、学习评价 ………………………………………………… 001

学习任务 2　汽车电源系统故障检修 …………………………… 003
　　三、学习评价 ………………………………………………… 003

学习任务 3　汽车起动系统故障检修 …………………………… 008
　　三、学习评价 ………………………………………………… 008

学习任务 4　汽车照明与信号装置故障检修 …………………… 012
　　三、学习评价 ………………………………………………… 012

学习任务 5　汽车仪表故障检修 ………………………………… 017
　　三、学习评价 ………………………………………………… 017

学习任务 7　汽车风窗洗涤刮水装置故障检修 ………………… 022
　　三、学习评价 ………………………………………………… 022

学习任务 1
汽车电路故障检修方法

三、学习评价

1）不带电源测试笔的探针接触到蓄电池的正、负极，指示灯的状态是_____；测试笔探针接触到保险丝，测试笔上指示灯的状态是_____，指示灯的状态说明_____。

2）将自带电源测试笔的探针与夹钳接触，测试笔的指示灯状态是_____；将前小灯插头接地，用测试笔接触小灯插头，测试笔指示灯亮，这时完整的闭合回路是_____。

3）将万用表 KAL3000 量程调整到直流电压挡，接好表笔，测量蓄电池电压，测量值是_____。红表笔接蓄电池正极接线柱，黑表笔接正极线接头，测量接头上的电压降为_____。根据测量结果判断接头连接是否良好。

4）将万用表连接到前小灯插头测量插头电压，打开点火开关及前小灯开关，测量的电压值是_____。测量从配电中心前小灯保险丝至前小灯插头电路的电压降，测量值是_____。根据测量值判断前小灯电路是否正常。

5）用万用表测试电压降的考核表见表 1-3。

表1-3 用万用表测试电压降

基本信息	姓名		学号		班级		组别	
	规定时间	10 min	完成时间		考核日期		总评成绩	
任务工单	序号	步骤		完成情况		标准分	评分
				完成	未完成		
	1	考核准备				10	
	2	万用表安装及量程选择				5	
	3	蓄电池的接线柱及连接电缆的清洁				5	
	4	测量蓄电池电压				10	
	5	测量前小灯供电电压				5	
	6	判断电压是否正常				10	
	7	测试前小灯电路电压降				10	
	8	判断电压降测试结果				5	
	9	测试前小灯接地电路电压降				10	
	10	判断前小灯接地电路电压降测试结果				5	
安全						5	
5S						5	
团队协作						5	
沟通表达						5	
工单填写						5	

学习任务 2
汽车电源系统故障检修

三、学习评价

1. 填空题

1）爱丽舍电源系统的结构特点有：_____、_____、_____、_____。

2）发电机传动皮带磨损的检查方法：用手扳动目视检查，传动皮带应无_____、_____、_____。传动皮带与传动皮带轮在运转时应无_____、_____。

3）造成交流发电机整流器损伤的主要原因有：_____、_____、_____、_____。

4）电压调节器的常见损伤形式是：_____、_____。

5）电刷磨损过大、弹簧弹力不足、电刷与滑环接触面积小等将造成发电机_____。

2. 选择题

1）引起发电机不能发电的原因可能是（　　）。

A. 蓄电池电量不足　　　　　　B. 电枢接线柱松动

C. 电刷磨损过大　　　　　　　D. 发电机安装不牢固

2）发电机整流器某二极管断路，将导致（　　）。

A. 发电机不能输出电压　　　　B. 发电机输出电压降低

C. 发电机输出电压升高　　　　D. 发电机出现过热现象

3）正常情况下，发电机输出电压的大小（　　）。

A. 与发动机转速成正比　　　　B. 取决于调节器的调节电压

C. 取决于发电机的输出功率　　D. 取决于蓄电池的充电程度

4）造成充电指示灯常亮的原因可能是（　　）。

A. 蓄电池电量不足

B. 调节器内部三极管集电极与发射极间短路

C. 发电机励磁绕组断路

D. 发电机传动皮带过紧

5）交流发电机电刷磨损不得超过原高度的（　　）。
A. 1/3　　　　　B. 2/3　　　　　C. 1/2　　　　　D. 2/5

3. 判断题

1）在发电机转速不变的条件下，定子绕组某相断路将造成发电机输出电压下降。（　　）

2）若电压调节器调节电压过低，将引起蓄电池充电不足。（　　）

3）严重亏电的蓄电池可以直接用交流发电机进行充电。（　　）

4）交流发电机转速越高，其输出电压越高。（　　）

5）车辆上的用电设备越多，要求发电机输出的电压越高。（　　）

4. 操作题

1）完成蓄电池的就车测试并填写表 2-9。

表 2-9　蓄电池的就车测试

基本信息	姓名		学号		班级		组别	
	规定时间	30 min	完成时间		考核日期		总评成绩	

	序号	步骤	完成情况		标准分	评分
			完成	未完成		
任务工单	1	考核准备			10	
	2	蓄电池的接线柱及连接电缆的清洁			5	
	3	关闭车辆所有的用电器			5	
	4	测试仪与蓄电池正负极接线柱的连接			10	
	5	操作测试仪，选择蓄电池的位置			5	
	6	选择蓄电池的类型			15	
	7	选择蓄电池的测试标准			5	
	8	选择蓄电池的额定值			5	
	9	根据测量时的实际温度选择测试温度			10	
	10	蓄电池的测试结果判断			5	
安全					5	
5S					5	
团队协作					5	
沟通表达					5	
工单填写					5	

2）完成发电机的解体检测并填写表 2-10。

表 2-10 发电机的解体检测

基本信息	姓名		学号		班级		组别		
	规定时间	30 min	完成时间		考核日期		总评成绩		
任务工单	序号	步骤			完成情况		标准分	评分	
					完成	未完成			
	1	考核准备					10		
	2	检查交流发电机转子转动是否灵活					5		
	3	测量交流发电机各接线柱之间的电阻值					5		
	4	检测滑环					10		
	5	检测励磁绕组断路					10		
	6	检测励磁绕组短路					10		
	7	检测定子绕组断路					5		
	8	检测定子绕组短路					5		
	9	检查整流器二极管					10		
	10	检测电刷组件					5		
安全							5		
5S							5		
团队协作							5		
沟通表达							5		
工单填写							5		

3) 完成充电指示灯常亮故障诊断并填写表 2-11。

表 2-11 充电指示灯常亮故障诊断

车辆信息	整车型号	
	车辆识别代码	
	发动机型号	
故障描述		
项目	作业记录内容	备注
一、前期准备		

续表

项目	作业记录内容	备注
二、安全检查		
三、仪器连接		
四、故障现象确认	确认故障症状并记录症状现象（根据不同故障范围，进行功能检测并填写检测结果） 发动机转速急速以上　□正常　□不正常 充电指示灯工作情况　□正常　□不正常	
五、故障代码检查		
六、正确读取数据和清除故障代码		
七、确定故障范围	根据上述检查进行判断并填写可能故障范围。 发电机传动皮带　　　　　□可能　□不可能 发电机励磁绕组断路　　　□可能　□不可能 发电机励磁绕组短路　　　□可能　□不可能 发电机定子绕组短路　　　□可能　□不可能 发电机定子绕组断路　　　□可能　□不可能 发电机电刷磨损过大　　　□可能　□不可能 发电机滑环脏污　　　　　□可能　□不可能 电子调节器损坏　　　　　□可能　□不可能 充电指示灯电路短路　　　□可能　□不可能 充电电路断路　　　　　　□可能　□不可能	
八、基本检查	线路/连接器外观及连接情况　□正常　□不正常 零件安装等　　　　　　　　□正常　□不正常	

续表

项目	作业记录内容	备注
九、部件测试	对被怀疑的部件进行部件测试 | 部件	检查或测试后的判断结果
发电机传动皮带	□正常	□不正常
发电机滑环	□正常	□不正常
发电机励磁绕组	□正常	□不正常
发电机定子绕组	□正常	□不正常
电子调节器	□正常	□不正常
发电机整流器	□正常	□不正常		
十、电路测量	对被怀疑的线路进行测量：注明插件代码和编号，控制单元针脚代号以及测量结果。 | 线路范围	检查或测试后的判断结果
	□正常	□不正常
	□正常	□不正常
	□正常	□不正常
	□正常	□不正常
	□正常	□不正常		
十一、故障部位确认和排除	根据上述的所有检测结果，确定故障内容并注明： 确定故障 | □元件损坏	请写明元件名称：
---	---
□线路故障	请写明线路区间：
□其他	| 故障点的排除处理说明 | □更换	□维修	□调整		
十二、维修结果确认	维修后故障代码读取，并填写读取结果 与原故障代码相关的动态数据检查结果 维修后的功能确认并填写结果	
十三、现场恢复		

学习任务 3
汽车起动系统故障检修

三、学习评价

1. 填空题

1）起动机继电器常见的损伤形式有触点_____、_____；接线柱_____；电磁线圈_____、_____。

2）电枢绕组常见的损伤形式有_____、_____、_____、_____等。

3）起动机的不解体检测项目有_____、_____、_____、_____、_____等。

4）换向器表面若有轻微烧蚀、拉毛或脏污现象，可用_____号砂纸打磨；若烧蚀严重应用_____。

5）电磁开关的常见故障有_____、_____、_____、_____、_____等。

2. 选择题

1）起动机进行全制动试验时，若力矩和电流值均小于规定值，其原因可能是（　　）。

　A. 内部搭铁短路　　　　　　B. 负载过小

　C. 内部接触不良　　　　　　D. 单向离合器卡滞

2）在检查起动机运转无力故障时，短接起动开关两接线柱后，起动机转动仍然缓慢无力，甲说起动机本身有故障，乙说蓄电池存电不足。你认为（　　）。

　A. 甲对　　　　　　　　　　B. 乙对

　C. 甲乙都对　　　　　　　　D. 甲乙都不对

3）起动机运转过程中，甲说电枢电流越大，转速越高；乙说电枢电流越大，转速越低。你认为（　　）。

　A. 甲对　　　　　　　　　　B. 乙对

　C. 甲乙都对　　　　　　　　D. 甲乙都不对

4）起动机电磁开关触点接触不良将引起起动机（　　）。

　A. 空转　　　　　　　　　　B. 运转速度低

C. 异响　　　　　　　　　　　　　　D. 电磁开关不能吸合

5）进行全制动试验时，每次起动试验时间不超过（　　）s。

A. 3　　　　　　B. 5　　　　　　C. 20　　　　　　D. 30

3. 判断题

1）起动机电磁开关的吸引线圈断路将造成电磁开关触点接触不良。（　　）

2）起动机继电器电磁线圈匝间短路将引起起动机不能正常运转。（　　）

3）单向离合器正反两个方向应均能传递扭矩。（　　）

4）起动机电枢轴弯曲变形或与铜套装配过紧将造成起动机运转无力。（　　）

5）起动机电刷的接触面积不应少于75%，否则将造成起动机运转无力。（　　）

4. 操作题

1）完成起动机维护并填表3-4。

表 3-4　起动机维护

基本信息	姓名		学号		班级		组别	
	规定时间	30 min	完成时间		考核日期		总评成绩	

	序号	步骤	完成情况		标准分	评分
			完成	未完成		
任务工单	1	考核准备			10	
	2	牵引测试			5	
	3	保持测试			5	
	4	驱动齿轮间隙测量			5	
	5	驱动齿轮回位测试			5	
	6	无负荷测试			5	
	7	换向器检测			5	
	8	电枢绕组检测			10	
	9	定子总成的检测			5	
	10	电刷及电刷架检测			5	
	11	单向离合器的检测			5	
	12	起动机的性能试验			10	
安全					5	
5S					5	
团队协作					5	
沟通表达					5	
工单填写					5	

2）完成起动机不转故障诊断并填表 3-5。

表 3-5　起动机不转故障诊断

项目		作业记录内容		备注
车辆信息	整车型号			
	车辆识别代码			
	发动机型号			
故障描述				
一、前期准备				
二、安全检查				
三、仪器连接				
四、故障现象确认		确认故障症状并记录症状现象（根据不同故障范围，进行功能检测，并填写检测结果）： 点火开关转至起动位置，起动机运转状况　□正常　□不正常 点火开关转至起动位置，仪表指示状况　□正常　□不正常		
五、故障代码检查				
六、正确读取数据和清除故障代码				
七、确定故障范围		根据上述检查进行判断并填写可能故障范围。		
		起动机电磁开关吸引线圈断路	□可能　□不可能	
		起动机电磁开关保持线圈断路	□可能　□不可能	
		起动机电磁开关主触点烧蚀	□可能　□不可能	
		起动机电枢绕组断路	□可能　□不可能	
		起动机励磁绕组断路	□可能　□不可能	
		起动机电刷损坏	□可能　□不可能	
		起动机换向器烧蚀、脏污	□可能　□不可能	
		起动机继电器不工作	□可能　□不可能	
		起动机控制电路断路	□可能　□不可能	
		起动机供电电路断路	□可能　□不可能	

续表

项目	作业记录内容			备注
八、基本检查	线路/连接器外观及连接情况	□正常	□不正常	
	零件安装等	□正常	□不正常	
九、部件测试	对被怀疑的部件进行部件测试。			
	部件	检查或测试后的判断结果		
	起动机电磁开关	□正常	□不正常	
	起动机电枢绕组	□正常	□不正常	
	起动机励磁绕组	□正常	□不正常	
	起动机换向器	□正常	□不正常	
	起动机电刷	□正常	□不正常	
	起动机继电器	□正常	□不正常	
十、电路测量	对被怀疑的线路进行测量：注明插件代码和编号、控制单元针脚代号以及测量结果。			
	线路范围	检查或测试后的判断结果		
	起动机继电器控制电路	□正常	□不正常	
	起动机继电器电源电路	□正常	□不正常	
	起动机继电器——电磁开关	□正常	□不正常	
	起动机供电电路	□正常	□不正常	
十一、故障部位确认和排除	根据上述的所有检测结果，确定故障内容并注明： 确定故障			
	□元件损坏	请写明元件名称：		
	□线路故障	请写明线路区间：		
	□其他			
	故障点的排除处理说明			
	□更换	□维修	□调整	
十二、维修结果确认	维修后故障代码读取，并填写读取结果			
	与原故障代码相关的动态数据检查结果			
	维修后的功能确认并填写结果			
十三、现场恢复				

学习任务 4
汽车照明与信号装置故障检修

三、学习评价

(一) 理论部分

1. 填空题

1) 汽车灯光系统可分为_____照明、_____照明。

2) 夜间两车相会时,应将前照灯的_____光变为_____光。

3) 前照灯由_____、_____、_____组成。

4) 卤素灯是通过加热_____发光,氙灯是通过_____发光。

5) 制动信号灯按控制方式分为_____式、_____式、_____式。

2. 选择题

1) 能将反射光束扩展分配,使光形分布更适宜汽车照明的器件是(   )。
A. 反射镜　　　　　　　B. 配光屏　　　　　　　C. 配光镜

2) 控制转向灯闪光频率的是(   )。
A. 转向开关　　　　　　B. 点火开关　　　　　　C. 闪光器

3) 功率低、发光强度最高、寿命长且无灯丝的汽车前照灯是(   )
A. 投射式前照灯　　　　B. 封闭式前照灯　　　　C. 氙灯

4) 四灯制前照灯的内侧两灯一般使用(   )。
A. 双丝灯泡　　　　　　B. 单丝灯泡　　　　　　C. 两者皆可

5) 更换卤素灯泡时,甲认为可以用手指接触灯泡的玻璃部位,乙认为不能。你认为(   )。
A. 甲对　　　　　　　　B. 乙对　　　　　　　　C. 甲乙都对

3. 判断题

1) 配光屏在接通远光灯丝时,仍然起作用。(   )

2) 汽车信号系统的主要信号设备有位置灯、转向信号灯、后灯、制动灯和倒车灯。(   )

3) 前照灯由反射镜、配光屏和灯泡三部分组成。(   )

4) 前照灯检验的技术指标为光束照射位置、发光强度和配光特性。(   )

5）在调整光束位置时，对具有双丝灯泡的前照灯，应该以调整近光光束为主。（   ）

6）氙灯由石英灯泡、变压器和电子控制器组成，没有传统的钨丝。（   ）

7）电热式闪光器安装在转向开关和灯泡之间，用以控制灯泡的闪光频率。（   ）

8）更换卤素灯泡时，可以用手触摸灯泡部位。（   ）

4. 简答题

1）前照灯的防炫目措施有哪些？

2）前照灯由哪几部分组成？前照灯的电路由哪几部分组成？前照灯继电器的作用是什么？

（二）技能部分

项目1　全车灯光系统检测

完成全车灯光系统检测并填表4-8。

表4-8　全车灯光系统检测

基本信息	姓名		学号		班级		组别	
	规定时间	20 min	完成时间		考核日期		总评成绩	
任务工单	序号	步骤		完成情况		标准分	评分
				完成	未完成		
	1	考核准备： 材料： 工具： 设备：				10	
	2	各种灯光认识				15	
	3	手势准确				20	
	4	开关操作				20	
	5	记录单记录准确				5	
	6	清洁及整理				5	
安全						5	
5S						5	
团队协作						5	
沟通表达						5	
工单填写						5	

项目 2 灯光检测及调整

完成灯光检测及调整并填表 4-9。

表 4-9 灯光检测及调整

基本信息	姓名		学号		班级		组别	
	规定时间	30 min	完成时间		考核日期		总评成绩	
任务工单	序号	步骤		完成情况		标准分	评分
				完成	未完成		
	1	考核准备： 材料： 工具： 设备：				10	
	2	车辆准备				5	
	3	仪器定位				5	
	4	仪器调整				5	
	5	仪器使用				5	
	6	近光灯测量				10	
	7	远光灯测量				10	
	8	雾灯测量				10	
	9	前照灯调整				10	
	10	发光强度测定				5	
安全						5	
5S						5	
团队协作						5	
沟通表达						5	
工单填写						5	

项目 3　灯光不亮、灯光暗淡、灯光间歇亮故障诊断

完成灯光不亮、灯光暗淡、灯光间歇亮故障诊断并填表4-10。

表 4-10　灯光不亮、灯光暗淡、灯光间歇亮故障诊断

基本信息	姓名		学号		班级		组别	
	规定时间	30 min	完成时间		考核日期		总评成绩	

	序号	步骤	完成情况		标准分	评分
			完成	未完成		
任务工单	1	考核准备： 材料： 工具： 设备：			10	
	2	灯光不亮故障检测内容			10	
	3	灯光不亮故障检测流程			5	
	4	灯光暗淡故障检测内容			10	
	5	灯光暗淡故障检测流程			5	
	6	灯光间歇故障检测内容			10	
	7	灯光间歇故障检测流程			5	
	8	检测设备的正确使用			10	
	9	检测结果的判断			10	
安全					5	
5S					5	
团队协作					5	
沟通表达					5	
工单填写					5	

项目4 检查、诊断转向灯和危险警告灯故障

检查、诊断转向灯和危险警告灯故障并填表 4-11。

表 4-11 检查、诊断转向灯和危险警告灯故障

基本信息	姓名		学号		班级		组别	
	规定时间	30 min	完成时间		考核日期		总评成绩	

	序号	步骤	完成情况		标准分	评分
			完成	未完成		
任务工单	1	考核准备： 材料： 工具： 设备：			10	
	2	检查电阻			8	
	3	检查转向灯插头			8	
	4	检查转向灯开关			8	
	5	检查危险警告灯开关			8	
	6	检查继电器			8	
	7	检查接地			5	
	8	检查灯泡			5	
	9	检查电路电阻			8	
	10	检测结果的判断			7	
安全					5	
5S					5	
团队协作					5	
沟通表达					5	
工单填写					5	

学习任务 5
汽车仪表故障检修

三、学习评价

(一) 理论部分

1. 填空题

1) 受稳压器控制的是_____表和_____表。

2) 里程表内相邻两数字轮的传动比是_____。

3) 机油压力警告灯亮时,说明机油压力过_____。

4) 车辆正常行驶,放电警告灯亮,说明_____系统有故障。

5) 水温警告灯亮时,说明发动机冷却液温度过_____。

2. 选择题

1) 安装电流表时,甲认为电流表的"-"极应与蓄电池的"+"极相连,乙认为电流表的"-"极应与蓄电池的"-"极相连。你认为( )。
A. 甲正确　　　B. 乙正确　　　C. 甲乙都正确　　　D. 甲乙都不正确

2) 对于电热式机油压力表,传感器的平均电流大,其表指示( )。
A. 压力大　　　B. 压力小　　　C. 压力可能大,也可能小

3) 若稳压器工作不良,则( )。
A. 只是电热式水温表和双金属式机油压力表指示值不准
B. 只是电热式燃油表和双金属式机油压力表指示值不准
C. 只是电热式水温表和电热式燃油表指示值不准

4) 若将负温度系数热敏电阻的水温传感器电源线直接搭铁,则水温表( )。
A. 指示值最大　　　B. 指示值最小　　　C. 没有指示

5) 如果通向燃油传感器的线路短路,则燃油表的指示值( )。
A. 为零　　　B. 为1　　　C. 跳动

6) 低燃油油位警告灯所使用的电阻是( )。
A. 正热敏电阻　　　B. 普通电阻　　　C. 负热敏电阻

3. 判断题

1) 电热式水温表传感器在短路后,水温表将指向高温。( )

2) 机油压力传感器在机油压力越高时，所通过的平均电流就越大。（　　）
3) 电子仪表中的车速信号一般来自点火脉冲信号。（　　）
4) 电子仪表中的燃油传感器的参考电压为 12 V。（　　）
5) 当发动机冷却液的温度高于 80℃时，水温警告灯亮。（　　）
6) 当放电警告灯亮时，说明蓄电池正在被充电。（　　）
7) 交叉线圈型燃油表的指针与一磁性转子相连，磁性转子的周围在两个方向上缠绕四组线圈。（　　）
8) 汽车电路中，仪表与传感器的关系通常为并联。（　　）

（二）技能部分

项目 1　检测仪表显示故障

检测仪表显示故障并填表 5-5。

表 5-5　检测仪表显示故障

基本信息	姓名		学号		班级		组别	
	规定时间	40 min	完成时间		考核日期		总评成绩	
任务工单	序号	步骤		完成情况		标准分	评分
				完成	未完成		
	1	考核准备： 材料： 工具： 设备：				10	
	2	燃油传感器的检测				6	
	3	燃油表的检测				9	
	4	水温传感器的检测				6	
	5	水温表的检测				9	
	6	车速传感器的检测				6	
	7	车速表的检测				9	
	8	转速表的检测				7	
	9	组合仪表的检测				7	
	10	清洁及整理				6	
安全						5	
5S						5	
团队协作						5	
沟通表达						5	
工单填写						5	

项目 2 检测仪表线路、连接器、印刷线路板故障

检测仪表线路、连接器、印刷线路板故障并填表 5-6。

表 5-6 检测仪表线路、连接器、印刷线路板故障

基本信息	姓名		学号		班级		组别	
	规定时间	40 min	完成时间		考核日期		总评成绩	

	序号	步骤	完成情况		标准分	评分
			完成	未完成		
任务工单	1	考核准备： 材料： 工具： 设备：			10	
	2	供电电路检测			12	
	3	信号电路检测			12	
	4	警告电路检测			12	
	5	印刷电路检测			10	
	6	仪器的正确选用			10	
	7	结果判断			9	
安全					5	
5S					5	
团队协作					5	
沟通表达					5	
工单填写					5	

项目 3 检测仪表警告显示故障

检测仪表警告显示故障并填表 5-7。

表 5-7 检测仪表警告显示故障

基本信息	姓名		学号		班级		组别	
	规定时间	40 min	完成时间		考核日期		总评成绩	
任务工单	序号	步骤		完成情况		标准分	评分	
				完成	未完成			
	1	考核准备： 材料： 工具： 设备：				10		
	2	机油压力警告灯不亮检测				8		
	3	机油压力警告灯常亮检测				8		
	4	充电指示灯不亮检测				8		
	5	充电指示灯常亮检测				8		
	6	转向指示灯单侧不亮检测				8		
	7	转向指示灯两侧不亮检测				8		
	8	仪器的正确选用				8		
	9	结果判断				9		
安全						5		
5S						5		
团队协作						5		
沟通表达						5		
工单填写						5		

项目 4　典型仪表故障诊断

诊断典型仪表故障并填表 5-8。

表 5-8　典型仪表故障诊断

基本信息	姓名		学号		班级		组别	
	规定时间	40 min	完成时间		考核日期		总评成绩	
任务工单	序号	步骤		完成情况		标准分	评分
				完成	未完成		
	1	考核准备： 材料： 工具： 设备：				10	
	2	机油压力表无指示故障诊断				8	
	3	机油压力总指示最高油压故障诊断				8	
	4	冷却液温度表无指示故障诊断				8	
	5	燃油表指示满油箱故障诊断				8	
	6	燃油表指示空油箱故障诊断				8	
	7	故障诊断流程的掌握				8	
	8	仪器的正确选用				8	
	9	结果判断				9	
安全						5	
5S						5	
团队协作						5	
沟通表达						5	
工单填写						5	

学习任务 7

汽车风窗洗涤刮水装置故障检修

◎ 三、学习评价

1. 填空题

1）爱丽舍风窗洗涤刮水装置主要由_____、_____、_____、_____等部件组成。

2）刮水直流电动机换向器的损伤形式主要是_____、_____、_____。

3）风窗刮水器常见的故障有_____、_____、_____、_____。

4）刮水电动机解体检测的项目有_____、_____、_____。

5）电刷磨损过大、弹簧弹力不足、电刷与滑环接触面积小将造成发电机_____运转无力。

2. 选择题

1）引起风窗刮水电动机高速不能转动的原因可能是（　　）。

　A. 电动机高速电刷损坏　　　　　B. 蓄电池亏电

　C. 间歇继电器损坏　　　　　　　D. 点火开关损坏

2）蓄电池"+""-"极分别连接刮水电机的 4 号和 2 号端子，刮水电动机以（　　）。

　A. 低速动转　　　　　　　　　　B. 高速运转

　C. 不转　　　　　　　　　　　　D. 间歇运转

3）刮水装置不能正常回零位，其可能原因是（　　）。

　A. 刮水器电动机复位装置的常开触点不能闭合

　B. 刮水器电动机复位装置的常闭触点不能闭合

　C. 间歇继电器损坏

　D. 刮水器控制开关低速触点不能闭合

4）造成刮水器不能低速转动的原因可能是（　　）。

　A. 电动机低速电刷损坏　　　　　B. 刮水器组合开关触点常闭不开

　C. 间歇继电器损坏　　　　　　　D. 蓄电池无电

5）刮水器电动机电刷磨损不得超过原高度的（　　）。

A. 1/3　　　　　　　B. 2/3　　　　　　　C. 1/2　　　　　　　D. 2/5

3. 操作题

完成刮水电动机的检测并填表7-4。

表7-4　乱水电动机的检测

基本信息	姓名		学号		班级		组别	
	规定时间		完成时间		考核日期		总评成绩	
任务工单	序号	步骤	完成情况		标准分	评分
			完成	未完成		
	1	考核准备			10	
	2	低速测试			5	
	3	高速测试			5	
	4	换向器检测			5	
	5	电刷及电刷架检测			5	
	6	复位装置触点检测			5	
	7	转子绕组断路检测			5	
	8	转子绕组短路检测			5	
	9	定子总成检测			5	
安全					10	
5S					10	
团队协作					10	
沟通表达					10	
工单填写					10